U0886283

# 德化窑瓷塑经典（1949—1978）

泉州工艺美术职业学院　编
主　编　张阿芬
执行主编　许瑜亮

岳麓书社·长沙

国礼瓷

# 编委会成员

顾　　问：梁玉华　廖伏树　黄文捷　刘德旺

名誉主任：林祖传　黄晓东　陈维启　黄俊荣
　　　　　林明义　蒋文强　刘振铭　徐文福

主　　任：张阿芬

副 主 任：李联益　许瑜亮

成　　员：张南章　张朝荣　徐永生　颜如春
　　　　　曾宪升　郑金勤　郑炯鑫　许庆裕
　　　　　余昌盛　许回成　叶志向

执行主编：许瑜亮

摄　　影：郑永集

文　　字：郑金勤　邓爱民

# 序一

卅载创业，拼搏奋进，铸就瓷都发展新辉煌。

千载窑火，传承创新，淬炼陶瓷经典中国白。

德化是千年古县、千年瓷都，陶瓷是德化的根和魂，制瓷生产历史悠久，始于新石器时代，兴于唐宋，盛于明清，既说明了陶瓷技艺的薪火相传，也反映了世界瓷都的历史地位。德化陶瓷以“白”见长，陶瓷技艺享誉天下，有着“世界白瓷看中国，中国白瓷看德化”的美誉，被列入国家首批非物质文化遗产保护名录，荣膺全球首个世界陶瓷之都，据评估陶瓷品牌价值高达1086亿元。

德化陶瓷的发展史，是一部与社会发展息息相关、跌宕起伏的文明史。在中华人民共和国成立前，德化陶瓷就经历了一个漫长的沉寂期。1949年11月24日德化县城迎来解放后，德化陶瓷业界重新联合起来，大胆探索创新，全力组织生产，二三十年间一个个废弃的荒窑再次点燃，一担担精美的瓷器走出山城，德化陶瓷进入了一个崭新的发展时期。特别是德化瓷塑技艺“古今并蓄、内外兼收”，在现代中国瓷坛大放异彩，呈现出百花齐放的局面，涌现出了苏勤明、许文君、陈其泰、许文安、许兴泰、苏清河、王则坚、陈德卿等一大批陶瓷艺术大师，以及德化瓷厂、红旗瓷厂、新建瓷厂等各大瓷厂，创作了无数精美绝伦的艺术珍品。这些作品以高超的雕塑技艺、独特的纯净瓷质和典雅的造型设计，在我国陶瓷艺苑中独树一帜，如德化瓷厂创作的《青春》《和平万岁》《丰收》3件瓷器，成为党和国家领导人出国访问的礼品瓷。

为了纪念这段珍贵的陶瓷发展历史，去年国庆前夕，德化举办了为期一个月的德化窑瓷塑经典作品展，集中展示了从中华人民共和国成立到改革开放这30年间，德化各大瓷厂及著名陶瓷艺术大师生产创作的艺术精品，吸引了中国陶瓷界的广泛关注，获得了社会各界的肯定和好评。此次编辑出版的《德化窑瓷塑经典（1949—1978）》，收录了本次展览集中展示的瓷塑艺术精品，既为欣赏品鉴德化的瓷塑艺术打开了视觉窗口，又为学习借鉴陶瓷先辈的技艺理念提供了宝贵资料。在陶瓷产业转型突围的关键节点，我们要继续以孜孜不倦的艺术追求，以精益求精的工匠精神，不断推动陶瓷技艺的传承、创新与发展，让德化陶瓷在新时代演绎新经典、再现新荣光，让世界瓷都更加绚丽、更加辉煌！

是为序。

中共德化县委书记　梁玉华

2020年6月1日

# 序 二

中国最早走向世界的标志性物品，荦荦大端者有三：陶瓷，茶叶，丝绸。伯仲之间，陶瓷的影响又似乎最为深远，这或与陶瓷那种天然质朴、清新空灵、完美无瑕、气韵生动有关，而这，正与世人钟爱自然、品味生活、享受精致、追求卓越有着奇妙的契合点。“陶瓷”与“中国”的英文名都是“China”，当不是偶然。有一种不成文的说法，说这是以物代事、以物命名的通用做法，“陶瓷是世界认识中国的第一媒介”，信哉斯言。

中国陶瓷及其艺术是人类文明的重要标志，而德化陶瓷是颇具代表性的，尤以白瓷为最。千年古邑德化，地处“海上丝绸之路”重要起点泉州，陶瓷生产历史悠久，是中国陶瓷文化的发祥地之一，与江西景德镇、湖南醴陵并称中国三大瓷都。意大利大旅行家马可·波罗在他的游记中啧啧称赞泉州港近旁的德化“瓷多且美”，引发了世人对这块土地的侧目。宋元时期的泉州，成为中国的世界海洋商贸中心，产于德化窑的陶瓷闻名于世，明代臻于巅峰。大量德化瓷器销往欧洲，对欧洲陶瓷生产、制造和艺术创作产生巨大的影响，被誉为“欧洲陶瓷之母”。特别是白瓷，其瓷质致密纯净、釉面光亮平滑，通体温润如玉，故有“猪油白”“象牙白”“鹅绒白”“中国白’之称，“天下传宝之”。所以，尽管岁月的长河奔腾向前，时光的指针指向2015年5月30日，当联合国世界手工艺理事会专家组宣布，全票通过授予福建德化县首个“世界陶瓷之都”称号时，业内人士并不觉得意外。

德化德化，德风化雨，以德化育，渊源有自。糅合“归德场”“新化里”而命名也好，取意“德风吹草绿，化雨润花红”也罢，与其说这方热土重视景观形胜，毋宁说更重视历史人文。德字，左边是“彳”，慢慢行走运行之意；右边上面是“十”，代表空间，表示天地间有东、西、南、北、东北、西北、东南、西南，天上、地下；中间是“四”，代表时间，表示一年四季循环往复，春播夏种秋收冬藏；再下面是“一”和“心”，表示切不可三心二意。一心一意顺应自然法则、宇宙法则和社会法则，这样的德，是厚德，是大德！而生于斯长于斯的人，则是质朴纯厚的人，怀揣初心梦想的人，顶天立地的大写的人。

德化窑作为中国民窑和最重要的外销瓷产区的典型代表，历史文化源远流长，千年窑火生生不息。有明一代，裹挟“吴带当风”“曹衣出水”高韵飘然而至的瓷圣何朝宗，凭借他对佛、道等宗教意蕴的天才参悟，娴熟运用捏、塑、雕、刻、镂、推、接、修“八字”技法，创作出一件件“东方艺术精品”，英国古陶瓷专家约翰·盖尔在其所著《中国白：瓷器中的神像》一书中忍不住赞曰：“明朝德化何朝宗的瓷雕观音可与意大利米兰的断臂维纳斯相媲美。”这位瓷雕集大成者指尖下的释迦摩尼、文昌君造型精致，呼之欲出；而形态各异的观音，端庄慈祥，仪态宛然。其以陶瓷之脆性，表现衣褶之柔软；以陶瓷之生冷，表现肌肤之温润的神来之笔，自成一派，冠绝古今。

天纵之才，千年难遇；瓷都遗韵，流光未散。德化窑在历史的风雨中，以独特的魅力，高贵的品质，凤凰涅槃浴火重生，淬炼成人类手工技艺最绚丽的花朵之一。其技法变幻万千，文化却一以贯之，展现出德化人民心灵手巧的禀赋、守护创新的智慧。一代代德化民间艺人不懈努力，以精湛的技艺发言，以惟妙惟肖的作品证明，筑起了“中国白”的艺术高地。至清末民初，苏学金、许友义等德化名师，广采博取，潜心钻研，赓续传统，开拓创新，在巴拿马万国博览会及英国、日本和南京等地举办的国际博览会上摘金夺银，饮誉海内外，名作《瓷梅花》《五百罗汉》《关公》《木兰从军》等，被目为人间瑰宝。

今天的德化陶瓷产品，销往190多个国家和地区，已赫然成为名副其实的中国最大陶瓷工艺品生产和出口基地。事实上，晚清之后走向沉寂的德化陶瓷业，新中国甫成立，即重获新生，经历30年发展，陶瓷雕塑名师、高徒辈出，柴窑、电窑、气窑等陶瓷烧制技艺日益成熟，呈现出新枝挺秀、繁花满树的景象。在大力整合工匠人才、生产资料、技术设备、烧制技艺管理模式等要素的基础上，国营德化瓷厂、红旗瓷厂、新建瓷厂等研制出不少新产品，特别是如脂似玉、宛若象牙的“建白瓷”，冰肌玉骨、白度稳居全国第一的“高白瓷”，横空出世，名噪一时。在苏勤明、许文君、陈其泰、黄奢、徐文安、许兴泰、苏清河、王则坚、陈德卿、林甲乙、陈国安、张晓寒、林文启等一大批名师名匠带领下，整个德化陶瓷雕刻和艺术创作呈现出生机勃勃的局面，“德化瓷烧制技艺”这一非物质文化遗产保护项目也得以重现光彩，代表作不胜枚举，如《和平万岁》《青春》《丰收》《傣族医生》《母爱》《渔女》《天女散花》《白毛女》《羊头尊》等等，都是其中的翘楚。这一时期所创作和生产的陶瓷产品，无论是人物塑像、花草鱼虫、自然风光，还是缸、坛、盆、罐、杯、盏、碟、碗等器皿，大多能折射出主人翁的心境，折射出新社会新生活诱人的未来，有历史与现实的交替，有劳动与幸福的礼赞，有人性的光辉，有爱的魂魄。而质地大多薄而坚硬，白而细致，晶莹透亮，润泽高雅，仿佛每一件作品都有一个故事，即便是一块小小的碎片，也似一朵美妙绝伦的智慧之花，静静地闪烁荡漾。

《德化窑瓷塑经典（1949—1978)》一书，展现了特定时期的青春之歌、岁月之痕，蕴含着丰富的历史文化信息。它溯源德化当代陶瓷发展的逻辑起点，填补了1949—1978年间德化陶瓷研究的空白，丰富了德化陶瓷发展的历史脉络。它通过展示这30年中不同时期的艺术佳作，生动反映德化瓷塑技术的突破、手法的创新以及审美情趣的变化，反映陶瓷产业向个性化、精品化、高端化迈进的艰难历史进程，时代感浓厚。筹划伊始，即得到了德化各大瓷厂及著名的陶瓷艺术家、收藏家的鼎力支持。书中收录了创作于这一时期的藏品200多件，不仅是30年间德化陶瓷辉煌的历史印记，更是新中国成立以来人民精神文化生活不断提升的一个缩影。每一件作品，无论是坚定的眼神，可掬的笑容，还是因由衷热爱而溢出的动人神采，因专注思考而生发的宁静境界，映入我们眼帘，都足以令我们感动，因为那就是具象化的创作者的文化积累和艺术追求。特别是扑面而来的生活状态和时代气息，跃然纸上的人民对美好生活的憧憬，洋溢其间的创作者的淳朴情怀和强大内心，更使我们心怀敬意。正是一代代德化人驰而不息地热爱美、追求美、表现美、创造美，才把山城人民独特的无与伦比的手工艺技术推向极致。

岁月悠远含香，时代车轮滚滚向前。德化窑，不仅代表着德化陶瓷艺术的价值和传统技艺的传承，还代表着中国陶瓷文化的历史意义。德化陶瓷，如阳光一样灿烂，像土地一样本真，比空气更明澈，比流水更灵秀。一位年轻的德化本土作家这样写道：“它从青葱里来，要到灵动中去。于是，山势的起伏、波浪的奔涌、花瓣的开合、衣纹的流向，甚至唇边的微笑、眼角的风情……就在它的一切一割、一勾一划间，泥土就仿佛有了姿势，有了表情，有了声音，有了旋律，有了性格，有了灵魂。”字里行间充溢着对德化陶瓷、对陶瓷艺术家和广大艺人深邃的情感。我们殷切期待，通过这本书，读者能进一步领略德化陶瓷独特的艺术魅力和文化意义，将德化源远流长的陶瓷文化融入民族文化血脉和精神命脉，增强文化自信、文化自豪感，在一次又一次的视觉震撼和怦然心动中传递匠心，阅读人生。

泉州工艺美术职业学院党委书记

福建省政府督学 彦代树

2020年6月5日

# 德化窑瓷塑经典（1949—1978）

德化地处福建省中部，素有“闽中宝库”之称，境内瓷土矿藏资源丰富、质地优良，是中国瓷器著名产地、陶瓷文化发祥地、中国“三大古瓷都”之一。德化瓷烧制技艺被列入第一批国家级非物质文化遗产名录；德化被世界手工艺理事会授予首个“世界陶瓷之都”称号。

德化窑瓷器，始于夏商，兴于宋元，盛于明清。特别是明、清时期以其高白的透明胎体、精湛的雕塑艺术和独特的白釉风格风靡世界各地，16世纪初就被欧洲誉为“中国白”，业界有“世界白瓷看中国，中国白瓷看德化”之说。以明代何朝宗为代表的瓷塑艺术，将德化窑瓷塑推至巅峰，被誉为“东方艺术”，成为“天下共宝之”的珍品。

千年窑火，绵延不断。新中国成立后，古瓷都再次迸发新的活力，德化窑陶瓷重获新生，名师荟萃，呈现出技艺精湛、精品迭出的发展态势，步入新的辉煌时期。

## 曲折发展　重获新生

1949年11月24日，德化县城迎来了解放。

新中国成立后，百废待兴。德化县着手恢复经济社会秩序，充分利用资源丰富、陶瓷历史悠久等优势，积极扶持陶瓷业生产发展，使长满蒿草的荒窑重新冒烟。1951年，全县仅有利民瓷厂和劳改瓷厂两家国营瓷厂。到1956年，已经有了国营、集体、公私合营、私营等多种体制的陶瓷企业。其中最具有代表性的是国营德化瓷厂、德化新建瓷厂、德化集联瓷厂（1966年更名为德化人民瓷厂）等。

德化陶瓷业在秉承传统文化的基础上，不断开拓创新，使传统技艺优势和自然资源优势有机结合，呈现出欣欣向荣、蒸蒸日上的景象，进入了崭新的发展时期。陶瓷雕塑这一传统工艺得到了抢救与弘扬，瓷塑艺术再放异彩，进入了百花齐放的春天。尤其是明代象牙白瓷的复产成功，建白瓷、高白瓷、瓷雕艺术被誉为现代中国瓷坛的“三朵金花”。

1954年11月13日《福建日报》第四版以图文并茂的形式，整版刊发了《德化的瓷器》。文章介绍说：“德化所产的瓷器，质地坚硬而色泽洁白，俗称‘中国白’，被誉为世界名瓷之一。抗日战争和国民党反动统治时期，德化陶瓷业由旺盛时代跌入了衰落的时期，许多瓷厂随着瓷器外销的阻塞而纷纷倒闭，生产量天天减少，瓷民大部分转业，而画师和工人只好做些佛像糊口，有的流离到外地做了小贩。

解放五年来，党和人民政府一直关怀德化瓷器生产的恢复和发展，国家先后发放贷款二亿七千多万元给德化，还经常从供应原料、推销成品、改进技术、提高质量等方面来帮助瓷民克服困难，鼓励瓷民提高生产积极性，并指导瓷民联合起来逐渐走向合作化的道路。同时又在德化城西扩建了一座本省规模最大的、有水利动力设备的地方国营德化瓷厂，厂内设有彩画、搪瓷、模型、机制、包装等八个车间。另外，还新建了一座新人瓷厂。德化陶瓷业在国家的支持下，重新走上了繁荣的道路，生产量不断增加。1953年比1952年增产了百分之八十八，1954年上半年又比1953年上半年增产了百分之八十点六，年产量已达两万担以上。大批成品运销全国各地，满足广大人民日益增长的生活需要。

德化瓷器除了广大群众所喜爱的日常生活用品及供应建设用建筑、电器用材外，当地的著名艺人还出色地塑造了《花木兰》、《牛郎织女》、《提篮仙女》等精美工艺品。这些作品曾被选送出国，在苏联及各人民民主国家展览。在不久前，优秀瓷工、技术革新者吴维金利用德化瓷器坚密耐火的特点，试制精密化学仪器成功，这又给德化瓷器的发展开辟了更加广阔的前途”。

1955年1月14日《人民日报》第二版刊发的《福建德化的瓷器》介绍：“福建省德化县出产的瓷器，质地坚硬而洁白，俗称‘中国白’和‘鹅绒白’，被誉为世界名瓷，可和景德镇瓷器相媲美。

抗日战争以前，德化全县有一百二十多座瓷窑，两万五千多工人，生产的瓷器曾畅销全国各地及东南亚各国。抗日战争以后，由于反动统治者的摧残，瓷业捐税不断增加，再加上通货膨胀和瓷业外销的阻塞，瓷窑纷纷倒闭，瓷业工人大多流浪他乡，改行置业，绘瓷艺人只能靠做佛像糊口。因此，在解放前夕，全县从事窑业生产的已不到三百人，德化瓷器在市场上的声誉也一落千丈，连附近永春县的日用瓷也得由外地运来。

解放后，全县已有瓷窑二百二十三座，很多窑民都组织起来走上了合作化的道路，使德化的瓷业生产日新月异。以地方国营德化瓷厂为例，过去仅有一座瓷窑，三间将要倒塌的工场，职工七八个，只能生产小杯、个人杯、茶壶、茶盘四种产品，每月产量不过十来担。但是解放后仅几年，这个将要关闭的厂子不仅增加了水利动力设备，而且采用了机器制瓷、喷花等先进的操作方法，拥有四座瓷窑，七个车间，职工一百五十多名，仅石膏模型就有一万多件，并能以七十多种产品和七百多种花样的精美瓷器，供应人民需要，成为福建省规模最大的瓷厂！

除了生产日常生活用瓷外，当地著名雕塑大师苏勤明、陈其泰、许文君等还塑造了具有民族风格的《花木兰》、《牛郎织女》等精美的工艺品。优秀的瓷器技术革新者吴维金等又试制成功了精密的坩埚、蒸发皿、调剂瓶、配药盒等化学实验用瓷和隔电子、罐头皿、磁砖、耐火材料等工业用瓷和建筑材料，这就给德化陶瓷业开辟了更加广阔的前景。福建省人民政府又计划在德化继续扩建和新建一些瓷厂，德化的瓷业将出现更加繁荣的景象。”

地方国营德化瓷厂徽章

福建省德化瓷厂徽章

这一时期德化瓷业能够繁荣发展，离不开本地瓷塑人才的辛勤付出，而这些瓷塑人才则主要集中在国营和集体瓷厂。其中，国营瓷厂有：

德化瓷厂，基于民国瓷业改良场扩建而成，是德化现代最早创办的瓷厂，始建于民国24年(1935年)，早期是福建省建设厅德化瓷业改良场。民国27～37年间，几经关闭，先后更名为德化实验瓷场、德化瓷业指导所、德化瓷场、省建设厅示范瓷厂、德化改良瓷厂等。1951年9月，由晋江专员公署委派龚日进接管德化改良瓷场，改名为“晋江专员公署公营利民瓷厂”。是时，仅有3座土木结构的旧厂房，1台球磨机、1条两立方米烧柴的小瓷窑，设备极为陈旧简陋，工人27名，制瓷元老吴维金、吴维霖、陈道兴等参与组建。1954年，由省工业厅收管，定名为地方国营德化瓷厂，1958年后，属省轻工业厅管辖，1970年8月起，下放为德化县属企业。期间，德化大部分的工艺美术大师、陶瓷大师、瓷塑名艺人主要集中在该厂创作，如苏勤明、陈其泰、许文君、许兴泰、苏清河、杨剑民、周雅各、陈德卿、康新禄、许文安、许光益、林甲乙、陈天棋、叶八板、张良达、沈锡松、寇富平、苏桂英、邱玉云、林质彬、李玫瑰等。

德化新建瓷厂，原为1951年7月晋江专署公安处在宝美村长福堡创办的劳改工厂，以有瓷业生产技术的24人为班底，租用废瓷窑进行生产。1954年升隶福建省公安厅管辖，更名为新人瓷厂，1956年迁往覆鼎山，搬入新工厂，定名为地方国营德化新建瓷厂，大力开展技术创新，成功创造出了低温白釉、薄胎白胎、自制花纸，生产技术、产品质量均获得很大提高，特别是运用国画技法创造思想性和艺术性较高的“一枝短笛逗春风、唱出人民公社好”等生活画面，在全国展出时获得普遍好评。

德化集联瓷厂，乃是1954年4月，塔岸街“集联商行”联合东头郑木应的福源瓷厂、郑世绒的福兴瓷厂、郑玉树的福裕瓷厂及富东街曾广凯的建德瓷厂等4户瓷厂创办的。1956年2月实行公私合营，1960年7月更名为地方国营集联瓷厂，1966年10月更名为德化人民瓷厂。

德化红旗瓷厂，1970年2月，德化人民瓷厂和德化新建瓷厂合并，改名为德化红旗瓷厂。1981年12月，德化红旗瓷厂又更名为德化第二瓷厂。期间，该厂（包括其前身新建瓷厂、集联瓷厂、人民瓷厂）涌现出许多陶瓷艺术人才，如郑玉树、陈其章、曾锦德、洪树德、郑景贤、陈宗海、许英山、郑晨钟、郑俊雄、陈海荣、曾广池、黄聪敏、李国章、赖锦珍、杨达生、陈建隆、陈天宽、吴天安、张炳庵、颜锦杰等。

集体瓷厂又分县办集体和乡村集体瓷厂。如德化县工艺美术陶瓷厂、德化县二轻瓷厂等县办集体瓷厂；乡村集体瓷厂如三班瓷厂、蔡径瓷厂、奎斗瓷厂、丁墘瓷厂、东头瓷厂等。

陶瓷研究方面，设有福建省德化瓷器工业研究所。1965年6月，福建省轻工研究所陶瓷研究室搬迁到德化县城关西校场，创办福建省德化瓷器研究所。1969年，该所人员及设备并入国营德化瓷厂。1977年10月，成立德化县瓷器工业研究所。

## 苦心孤诣　名师荟萃

1953年4月，利民瓷厂聘请清末民国时期的瓷塑名师许友义传人苏勤明、陈其泰、陈国安、许光益为雕塑大师，瓷塑艺人林甲乙、林崇高、张良达、许文君、许文安等为瓷厂师傅，并由这些大师、名师带领许兴评、许兴泰、周雅各、苏清河、郭玉珍、苏仁森、苏桂英、邱玉云、许兴琰等组建雕塑组，开始制作德化传统瓷雕产品。这是国营德化瓷厂第一代瓷塑精英。为加强对瓷业新生技术力量的培养，1958年秋在国营德化瓷厂内创办了德化瓷业技术学校，开设陶瓷美术和陶瓷工艺专业，分为初级、中级2个教学班，学生200人，为德化陶瓷业生产技术的改革与发展打下了良好的基础。

据《福建省地方国营德化瓷厂发展简史》（1959年4月油印稿）载：“1953年以后又发展白瓷艺术雕塑品，几年来这方面的发展很快，建立了自己的车间，共有艺人及学徒一百多人，占全厂人数的1/5。”

值得一提的是，厦门私立鹭潮美术学校（1958年更名为厦门工艺美术学校，1960年更名为厦门工艺美术学院，1963年更名为福建工艺美术学校），为适应社会需要，把学校办学方向由单纯美术教育转为工艺美术教育，正式开设了工艺美术专业，并建立了工艺美术实习工场，深入挖掘民族民间工艺传统，开展工艺美术创作。虽一时缺乏师资和教材，但老师们潜心钻研自己不很熟悉的陶瓷专业，并花费大量时间收集资料，甚至将自己家里收藏的陶瓷工艺品拿到讲台上，自编造型、装饰和理论等多项课程的教材，将美术融入工艺，更好地为人民服务。至1970年该校先后培养了大中专毕业生459人（其中大专生183名），各类培训班学生468名，这几批毕业生先后成为福建乃至全国工艺美术行业的中坚力量。诸如杨胜、曾锦德等一批学生，在张晓寒先生的带领下，不辞辛劳，经常到国营德化瓷厂、福州漆器厂等地，深入车间参观、学习、创意、设计，为传承发扬德化传统瓷塑艺术、促进陶瓷文化的提高发展，发挥积极的作用。

张晓寒先生在致力工艺美术教育，建立工艺美术实习工场的同时，亦关注福建瓷器的生产恢复与实际应用。他数度奔赴德化，了解古窑址的分布与保护情况，研究德化瓷的发展历史、工艺特色及在现代的创作应用，特别是德化瓷在生活用具上的应用与设计，亲自绘制了许多器具造型。同时，鼓励学生扎根德化，为德化瓷器的发展作出贡献。1959年，张晓寒先生带领杨胜先生为北京人民大会堂设计德化瓷餐具、布置人民大会堂福建厅，受到了各级领导的重视。

1965年福建省陶瓷研究所迁移到国营德化瓷厂，带来了青年雕塑家王则坚、器型设计师寇富平、原料配方工程师林文启，使得国营德化瓷厂技术力量如虎添翼。林文启成功研制出建白瓷，失传百年的猪油白、象牙白得以重生；王则坚带来了现代人物雕塑技艺、瓷塑彩绘技法，让德化艺术瓷锦上添花。到了70年代，德化瓷业发展蓬勃，招收了一大批学徒工，有后来成为中国工艺美术大师的柯宏荣，有瓷塑造诣颇高的陈德卿、陈桂玉、温清民、吴远昕、邱振民等。国营德化瓷厂不仅创作出一大批高端艺术品，而且培养出许许多多艺术品制作人才。德化瓷坛最早的三位中国工艺美术大师许兴泰、苏清河、柯宏荣，都是出自国营德化瓷厂。

可以说，新中国成立以来德化陶瓷生产得到巨大发展，不仅生产出大量优质的出口工艺瓷和日用瓷，同时也诞生了许多优秀的陶瓷艺术作品，涌现出了一大批献身陶瓷艺术创作的瓷雕艺术大师、名师、瓷工艺人，整个陶瓷艺术创作呈现出了崭新的面貌，得到了国内外的关注和赞誉。

这些瓷雕艺术大师、名师、瓷塑名艺人的技艺主要以家传、师承为主，又兼收并蓄、博采众长，积极“引进来”与“走出去”。技艺提升方面，陈其泰于1954年被选派到杭州美术学院进修，其瓷塑实践经验与美术理论知识得到完美结合；许兴泰曾被选送福建省雕塑进修班学习深造；张良达于1958年冬被选送到福建省工艺美术进修班进修半年，作品入选省级、国家级工艺美术展览。技艺外传方面，德化制瓷技艺传播省内外，甚至远传越南、日本、伊拉克、伊朗、意大利、法国等国家。新中国成立后，德化陶瓷技术人员、有关行家应聘到省内外陶瓷产区进行技术指导。浔中乐陶的陈赞来、孙再兴、孙成送等20多人，受政府有关部门委派，先后到南安、漳州、厦门、沙县、建瓯、永春、霞浦、宁德、浦城、三明、龙岩、晋江等地传授制坯、烧窑、雕塑、彩绘等技术。国营德化瓷厂曾金龙先后到大田瓷厂、厦门瓷厂、闽清瓷厂、三明第二耐火材料厂和湖南醴陵、贵州、邯郸等陶瓷企业，以及日本、印度尼西亚陶瓷行业提供陶瓷生产技术服务。陶瓷雕塑艺人陈国安，1961年应聘到厦门工艺美术学院，担任雕塑专业瓷塑指导教师。1963–1976年，苏清河先后应聘到建阳、永春、古田等地陶瓷厂任技术员。70年代，陈天棋先后到建阳、建瓯、泰宁、邵武、大田等地瓷厂任技术顾问。郭爱煌先后到安徽省旌德县瓷厂、福建省建宁县瓷厂任技术员。这一时期比较著名的瓷塑大师有苏勤明、许文君、陈其泰、黄奢、许文安、许兴泰、苏清河、王则坚、陈德卿、林甲乙、陈国安等。

苏勤明（1910—1969），名其读，又名金读。现代瓷塑名艺人、瓷雕艺术大师，全国第一次工艺美术艺人代表会代表。其父为清末民初德化瓷雕名师、巴拿马万国博览会优奖获得者苏学金。勤明十岁时失怙，被托养于许友义家，十四岁完成了高小学业，从友义处学艺。勤明聪慧好学，深得真传，其作品兼苏、许之长；艺成，遵许友义命返苏家重振艺业。1936年10月，其瓷雕作品《关云长》参加在福州举行的福建省古今陶瓷珍品展览品评会获得优等奖。

1953年4月，苏勤明应聘为利民瓷厂（国营德化瓷厂前身）瓷雕艺人，从事产品试制和传艺，后又担任雕塑组组长。1955年2月，其作品入选德国莱比锡国际技术展览会。1956年，国营德化瓷厂雕塑组扩大规模（下分设六小组），苏勤明任大组组长，既负责组织生产又负责创新设计和授徒传艺。

苏勤明自幼深受苏、许两艺家环境熏陶，嗜艺如命，善于深究，至老不懈。1956年后与该厂具有文学、艺术、历史典故、人体解剖等广博知识的王藏慧交深，向其求教创作题材，了解历史背境，掌握人物特性、心理表情、动态变化与艺术造型，从中吸取艺术素养，丰富创作知识。苏勤明善于多方求教，博采众长，故雕塑技艺精湛，创作知识广泛，作品题材丰富，艺术构思敏捷，瓷雕技术全面，从瓷土釉料配方、造型创作、制模、成型、上釉以至装烧技术等无所不能。同时又是一位瓷雕创作高产能手，在国营德化瓷厂13年中，除从事授徒、制作主模等工作外，先后共创作新产品二百多种。

其主要作品有优秀传统题材的坐莲、立莲、提莲、披坐、坐狮、坐石、祥云、鱼篮、童子、善才等各式观音和三大士、如来、弥勒、八仙、王母等神仙佛像，神话故事的《天女散花》《牛郎织女》《麻姑晋酒》《哪吒闹海》《寿星》《王母舟》《八仙舟》《天仙配》，历史典故的《苏武牧羊》《班超投笔从戎》《王佐断臂》《木兰攀弓》《姜太公》《祖冲之》《司马迁》《僧一行》《张衡》《昭君出塞》《贵妃羞花》《孟姜女》《穆桂英》《梁祝化蝶》《十八相送》《五娘观灯》《益春留伞》《丽君脱靴》《红娘送柬》《红叶传书》《琵琶女》《提篮女》等；现代题材的《青春》《和平万岁》《丰收》《长征路上》《白毛女》《瓷城风光》《杨子荣》《火箭游月宫》《瓷器舞》《农业八字宪法》《活动媒婆》《披纱少女》等。同时还参加国庆十周年仿青铜器浮雕礼品瓷和国庆十五周年浮雕餐具礼品瓷的创作、生产。先后创作试制36吋《麻姑献寿》，48吋《观音》和64吋《关汉卿》大型瓷雕，获得各界的赞誉。其作品先后被选赴英国、德国、日本、法国、苏联、伊拉克、加拿大、黎巴嫩等展出并深受好评。

瓷雕技艺精湛的苏勤明，不仅为德化瓷雕优秀传统的继承与创新发挥了自己的才智，还培养出了许兴泰、苏清河、周雅各、邱双炯、许金盾及黄双茂（三明瓷厂）、许兴满（在香港）等大批国家、省级工艺美术大师或瓷雕名艺人，为德化瓷雕的发展作出了重大的贡献，堪称为德化瓷雕艺术优秀传统风格、技法承先启后的一代大师。

许文君（1914–1964），城关湖前人，陶瓷工艺师，瓷塑名艺人。少年就从师雕塑艺术大师许友义，学习日用瓷成型及模具制作工艺。20世纪30–40年代，在省瓷业改良场从事陶瓷雕塑和日用瓷制作，1951年到利民瓷厂（国营德化瓷厂前身）任模型组组长，与吴维金、陈列礼等人从事日用瓷造型设计与模具制作。他带领模型组一班人，根据各个时期国内外市场需要，设计出各种适销的碗、盘、杯、碟、壶、匙、缸等日用瓷，以及花瓶、花插、笔筒等陈设瓷产品造型及模具。1959年春与工艺师陈其章、吴维金、郭光印、陈天棋等人被抽调参加国庆10周年礼品瓷的设计与制作，文君负责浮雕设计等工艺。

陈其泰（1915–1995），又名国泰，德化雷峰瑞坂村人，瓷雕名师，1960年被省政府授予“瓷雕艺人”称号，为福建省政府任命的德化第一个民间艺人。少年时拜许友义为师，曾到尤溪县山头窑业瓷，后回德化程田寺格、丁溪湖前、岳尾街、德化实验瓷场等从事陶瓷雕塑。1953年，进德化利民瓷厂（国营德化瓷厂前身）;1954年,被选送杭州美术学院进修;1965年，在福建省德化瓷器研究所工作;1979年，在德化瓷器工业研究所工作。他一生创作了大量的瓷雕精品，至1985年底设计创作了100多种瓷雕作品。其中有各种姿态的观音26种，弥勒4种，达摩8种，罗汉37种，钟馗3种，如来2种，以及《湘夫人》《佘太君和穆桂英》《和合仙》《吴彩鸾跨虎入山》《山鬼》《麻姑晋酒》《唐僧师徒》《灵猿听箫》《林黛玉》《李清照》《贵妃醉酒》《鲁智深拔树》《姜太公钓鱼》《体操女》等。他创作的精品，无论是古代历史人物、宗教人物，还是现代题材的作品，都造型精巧，工细入微，具有浓厚的中国民间艺术特色。

20世纪60–70年代，陈其泰先后创作了《华国锋与矿工》《毛泽东半身像》《李白回番书》《祖冲之》《李逵接母》《武松》《钟馗吓鬼》等瓷塑作品，以及梅花杯、龙虎杯、浮雕兽头花瓶等作品。80年代初创作的《达摩渡江》，作品的面部造型，白眉短，眼睛微妙而传神，重而含蓄；左手轻托法水，右手挟持拐杖，脚踩芦苇，别有一番慈航救世之意；身上的衣纹疏而不简，密而不繁，线条圆润，流畅，柔美。

1956年陈其泰作品瓷雕《母爱》《李时珍》《背考》分别获福建省陶瓷工艺美术展览评比特等奖和一等奖。瓷雕《王昭君》，于1968年在省陶瓷工艺美术展览评比获特等奖。1975年，瓷雕《上山采药》《乘舟采药》获福建省陶瓷工艺美术展览评比一等奖。1979年7月16日，赴北京参加全国工艺美术创作人员代表大会，受到党和国家领导人的接见。

黄　奢（1916–1990），丁溪官路下人。少年时，在宝美村后井窑场拜陈首仁、陈姬为师，学习瓷雕工艺。后经营瓷雕作坊，并学习何派艺术传人许友义技法。主要作品有观音、弥勒、和合二仙像及花木兰等宗教历史人物，牛童、烛童等小工艺品及玉芳瓶、八仙瓶等日用瓷。

新中国成立后，先后在漳州、德化等地，从事授徒和瓷雕创作，以雕工细腻，镂接修削精致著称。尤擅摹临仿制何派艺术作品。20世纪60年代，先后临摹渡海观音、坐岩观音等，被王则坚称为“体现何氏风格技法与特点，保留原作气质精神之佳作”。

许兴泰（1941—2006），中国工艺美术大师、中国陶瓷艺术大师。许兴泰出生于德化瓷雕艺人之家，8岁时就随父许文君学习瓷雕技艺，1956年进入国营德化瓷厂，正式步入瓷雕艺术生涯，1960年被选送福建省工艺美术学校进修，1964年调福建省陶瓷研究所工作。1974年回国营德化瓷厂，历任艺术瓷车间主任、技术主任等职。

许兴泰的瓷雕作品，把外观的形象美、内在的气质美、工艺技法美有机地融为一 体，以形写神，形神兼备，言有尽而意无穷，气韵生动，栩栩如生，给人一种永远鲜美的艺术享受。作品参加省和国家陶瓷工艺美术评比，屡屡获奖。数十件作品分别获国家、部、省级嘉奖。1978年，105cm《立莲十八手观音》获全国工艺美术创新作品优秀奖；1980年，28cm《坐荷观音》获轻工部陈设瓷优胜作品奖；1981年，34cm《坐莲十八手观音》获轻工业部优质产品证书；1983年，36cm《坐石观音》参加全国陈设瓷评比，获轻工部优胜产品奖。1985年，32cm《训鹏观音》获全国工艺美术百花奖优秀创作设计二等奖……更有《嫦娥奔月》《大弥勒佛》《天女散花》《洒水渡海观音》《捻珠观音》《托钵立莲观音》等作品获得省、部级以上嘉奖。

多年来，许兴泰与胞弟许兴泽（中国陶瓷艺术大师）合作，大胆探索，攻克大型瓷雕造型、原料配方、烧成工艺三大技术难关，研制成功高度达1.92m的大型瓷雕。其中1.75cm《立龙观音》获中国工艺美术百花奖“金杯奖”；独立设计创作的1.85cm 《立莲观音》获省优质产品奖、外经贸部出口产品的优秀奖。代表作品有：《座莲十八手观音》《鲤鱼朝观音》《大弥勒佛》《仙女散花》等。

许兴泰从事瓷雕艺术40多年，刻苦自学，饱览古今中外陶瓷专著，潜心雕塑艺术的研究与创作，在继承传统瓷雕技艺的基础上，博采众长，不断创新，以精湛的艺术造诣，创作许多瓷雕精品，享誉海内外。1993年国务院授予“中国工艺美术大师”荣誉称号，是福建省陶瓷界首位获此称号者。2002年荣获第一届“中国陶瓷艺术大师”称号。

苏清河(1941–2012)，号莹玉，1941年出生于瓷都德化历史著名瓷村宝美后井窑的一个陶瓷世家。国家级非物质文化遗产项目德化瓷烧制技艺传承人，中国工艺美术大师，中国陶瓷艺术大师，德艺双馨陶瓷艺术大师，中国收藏家喜爱的陶瓷艺术大师，“影响中国陶瓷行业100人”之一，德化莹玉艺术陶瓷研究所艺术总监，高级工艺美术师，享受国务院特殊津贴。

1956年5月，苏清河进国营德化瓷厂雕塑组，师从于雕塑艺术家、当时国营德化瓷厂雕塑组(大组)组长兼工艺师苏勤明。由于他聪明好学，善思多问，很快就脱颖而出。同时，苏清河又向雕塑名艺人许光益学习木雕佛像，将木雕与瓷雕两者的技法融为一体。这一期间，他尝试创作《洛神》《白蛇传》人物及《田螺姑娘》等作品，受到师傅的器重与同行的称许。

1962年夏，瓷塑车间“下马”停产。为了理想、事业与生计，苏清河离开国营德化瓷厂，先后受建阳县建阳瓷厂、永春县苏坑瓷厂、古田县棋坪洋瓷厂聘请，从事工艺美术瓷雕创作，负责生产技术指导和瓷雕、花瓶、茶具等新产品设计与创作，产品打入国际市场，获得良好的经济和社会效益。1968年至1971年，还从事毛主席雕像及红灯记、白毛女等现代革命人物的工艺美术瓷雕创作设计。

1978年苏清河回德化后，受聘于苏洋大队东漈瓷厂，先后设计、研制、开发出色釉、仿古开片釉等16种新产品，产品畅销日本、菲律宾、新加坡、美国等20多个国家和地区。1986 年10 月自筹资金成立了全省首家民营陶瓷研究所——莹玉艺术陶瓷研究所，更深入、专注于德化传统雕塑技艺与文化融合传承的研究。50 余载的陶瓷雕塑实践，苏清河吸收借鉴中外雕塑艺术的精华，同时融汇了文化、艺术、科技等元素，形成了形神兼备、精雕细刻、优美传神，颇具何朝宗流派的艺术风格。

杨剑民（1945-2012），男，籍贯福建泉州，首届中国陶瓷艺术大师，高级工艺美术师，享受国务院政府特殊津贴。曾任德化三羊陶瓷研究所所长、德化陶瓷文化研究会会长、德化陶瓷博物馆副馆长、国营德化瓷厂设计室主任、高档瓷车间副主任、科研所所长、中国工艺美术协会高级会员、福建省工艺美术学会常务理事。1989年荣获全国劳动模范称号、2003年获评为中国陶瓷艺术大师。其作品思路开阔、形式多样，既有精湛的德化陶瓷传统雕塑技艺，又有浓厚的时代生活气息，深受广大消费者的青睐。在长期的设计创作实践中，将绘画艺术融入作品中，融造型工艺、绘画美术与德化陶瓷民间优秀传统风格技法等于一体，尤其是在发掘刻花、浮雕传统工艺，设计创作艺术陈设瓷、拓展建白瓷发展空间等方面颇有建树。《渡海观音》《维纳斯影灯》《高枕无忧》等几十件佳作在全国工艺美术大赛中拔金戴银。《渡海观音》被中国国家博物馆、英国珍宝博物馆收藏。18吋建白浮雕孔雀水仙花瓶获福建省陶瓷工艺美术设计评比优秀设计奖，后赴日本展览。其主持设计创作的北京全国人大会堂福建厅用瓷，获省有关部门表扬与使用单位赞誉。

许兴泽（1947- 2014），中国陶瓷艺术大师、高级工艺美术师，享受国务院特殊津贴。1947年出生于陶瓷世家，其父许文君是近代瓷雕名师许友义主要传人之一。许兴泰从小受艺术熏陶，酷爱瓷雕工艺，11岁起随父学习传统陶瓷雕塑技艺，为陶瓷雕塑打下坚实的艺术功底。1971年，到浔中公社瓷厂（后称德化第五瓷厂）技术组负责日用瓷及部分雕塑工艺陈设瓷的造型设计与模具制作。2010年获评中国陶瓷艺术大师。上世纪70年代以来，致力于大型瓷塑的创作、配方、烧成等工艺技术研究，先后攻克了瓷土配方、整体重心不稳、力点分布不均及底部承受抗压力不足等难题，突破了德化传统瓷雕难成大件的局限，研制成功1.92米自回水滴水观音瓷塑，博得瓷坛工艺美术界的高度称誉。在造型设计上，继承明代雕塑大师何朝宗的传统技艺，尤其擅长高难度的实心瓷塑作品和大型瓷塑作品的创作，其大型作品，堪称传统技艺与现代科技完美结合的成功之作。其中1.7米立龙大观音瓷塑于1984年参加中国工艺美术品百花奖展评，荣获国家（珍品）金杯奖；1.92米自回水滴水观音瓷塑于1990年参加全国第九届工艺美术品百花奖展评，荣获国家（珍品）金杯奖。

陈德卿（1949—2011），福建省工艺美术大师，陈其泰之子。其自幼深受家庭环境熏陶，爱好瓷塑艺术。1965年随父至福州，于省轻工厅研究所陶瓷研究室学艺。1967年春回德化，与许金盾一起受聘于德化浔中公礼瓷厂(今称德化第五瓷厂)，共同从事现代题材的瓷塑设计。创作有《毛主席去安源》《红色娘子军》《白毛女》，《红灯记》中的《李铁梅》《李玉和》等瓷塑作品。1972年进国营德化瓷厂雕塑车间，1973年调该厂试制组(后改称科研所)，从此，潜心于瓷塑艺术的研究与创作设计。

陈德卿进国营德化瓷厂后，深得当代著名瓷塑艺术大师王则坚的悉心指导，技艺进步很快。他1980年到厦门工艺美术学院泥塑班进修深造，丰富了自身的艺术理论素养，在继承优秀传统风格技法的基础上注入了现代科学美学艺术新活力，获得喜人的成就。

陈德卿擅长人物雕塑。其作品主要有传统题材的各款姿式观音、弥勒、达摩等佛像；有《李时珍》《木兰饮马》等历史人物；有《四美人》《尤三姐》《喜阅》《吹箫引凤》等仕女、故事人物，有《断桥相会》、

《对牛弹琴》等神话故事作品，以及现代题材的《摩雅傣》《蒙族赤脚医生》《父子谈》《四姐妹》《约会》等瓷塑。其作品先后在省、全国相关展览评比会上多次获奖。其中《披坐观音》瓷塑，1980年荣获全省陶瓷产品优秀作品奖；《鲁班》《琵琶女》瓷塑，1980年荣获全省陶瓷产品新造型新装饰表扬奖；《坐石童子拜观音》《杨贵妃》瓷塑1981年荣获全省陶瓷工艺美术设计优秀奖。《观音观涛》瓷塑，1982年在全国陶瓷工艺美术设计评比会上荣获优秀产品一等奖；32厘米《披坐观音》瓷塑，1983年荣获全国陈设瓷质量评比优胜产品奖。其作品多次被选送参加国际有关展览会上展出并深受好评。《披坐坐垫观音》瓷塑，1980年选送日本参加展览获得高度评价，被认为是"最珍贵的馈赠礼品"。

林甲乙(1922—2012)，陶瓷工艺美术老艺人。师从瓷塑大师许友义次子许文概，学习瓷塑技艺。1956年夏，国营德化瓷厂雕塑组扩大下设8个作业小组，技工、学徒发展至七八十人，缺乏技术力量，林甲乙经苏勤明推荐，受聘于国营德化瓷厂，任雕塑作业组小组长。在这期间，他带领班组完成正常的生产任务，对新艺徒的技术指导，并利用工余间隙进行创作。先后塑有《钗头凤》《西施浣纱》《麻姑献寿》《梁韩抗金》《五娘观灯》《董永与七仙女》《横渡金沙江》等多件古今题材作品，深得同行赞许。之后，勇攀高峰，先后雕塑有5层、7层、9层、13层宝塔与《天女散花》《牛郎织女》《昭君出塞》《桃园三结义》以及浮雕花木兰、浮雕穆桂英、四季花六角形花瓶，浮雕三龙熏炉等作品，其后又塑有《貂蝉拜月》《凤仪亭》《穆桂英挂帅》《穆桂英骑射》《贵妃赏花》《贵妃醉酒》《贵妃沐浴》《木兰看军帖》《木兰扳弓》《木兰脱靴》《木兰回马枪》与浮雕龙凤花瓶、浮雕孔雀花瓶等。

林甲乙的瓷塑作品，构思造型别具一格，有的作品部件极其精细。如5层(高42厘米)、7层(高52厘米)宝塔瓷塑，六角翘檐挂铃，铃链、铃扣活动细垂。高32厘米、长29厘米龙舟亭瓷塑，以龙身为舟身，舟中构三层高亭．亭外八角翘檐挂铃，亭中各层分别塑宴饮、弈棋、弹唱人物，雕工精细，栩栩如生。其7层宝塔瓷塑，于1982年由中央新闻纪录电影制片厂摄制入《瓷国明珠》纪录片，1984年发行国内外放映。

许文安（1925—1995），字光华，陶瓷工艺美术老艺人。少时师从雕塑艺术家许世南，学习瓷雕艺术。其后随胞兄许文君到瓷业改良场打工。1953年进德化利民瓷厂（国营德化瓷厂前身），从事模具制作，后任雕塑组组长。1958年8月，在中央美术学院进修。1959年春，任雕塑组组长，与陈其章、吴维金、郭光印、许光白等参加国庆10周年礼品瓷的设计与制作。

许文安长期从事瓷塑艺术设计，主要作品有传统题材的各式观音、弥勒等佛像，以及《花木兰》《梁红玉》《洪宣娇》等历史人物塑像，其戴冠观音 、24手观音等瓷塑投放市场，畅销海内外。

陈国安（1929–2002），1929年12月生，陶瓷雕塑老艺人，曾任厦门工艺美术学院（今福建省工艺美术学院）雕塑科瓷塑指导教师，厦门市工艺美术协会理事。8岁入瑞坂小学,小学毕业后到浔中东头窑场拜曾广镜为师学习日用瓷制坯工艺。约1947年，随兄到城关学习瓷塑，辗转于岳尾街瓷塑作坊、西校场省属德化瓷业改良场等处从艺，步入瓷塑艺术生涯。

1951年省瓷业改良场由晋江专署接办，改名德化利民瓷厂，陈国安被招为日用瓷制坯工。未几，利民瓷厂建立雕塑组，陈国安调至雕塑组。1956年任雕塑组生产作业小组组长，带班参加生产，并负责本作业组徒工的技术岗位培训。陈国安为人谦逊朴实，从艺认真，对技术精益求精。

1958年，陈国安被选送省工艺美术进修班进修半年。结业后，留省轻工厅研究所陶瓷室，从事瓷塑研究与创作设计。

1961年调厦门工艺美术学院任雕塑科专业课瓷塑指导教师。文革中(60年代末)厦门工艺美术学院停办，1970年调厦门瓷厂，承命负责组建雕塑工艺车间，培训瓷塑技术人员，从事创作设计与模具制作，以及生产中的工艺技术指导、管理等。雕塑车间生产上轨后，未几厂成立雕塑研究室，陈国安调该研究室，负责创作设计，并兼雕塑车间技术顾问，直至退休。

陈国安于厦门工艺美术学院、厦门瓷厂执教与从艺20余年，为瓷都德化雕塑艺术在海内外产生积极的影响作出不懈的努力与贡献。他教学传艺认真，循循善诱，注重实践，言传身教，授予无私，毫不保留，极受学生、艺徒拥戴。他从事瓷塑艺术数十年，创作的作品有传统题材的各款姿式观音、弥勒、李铁拐、八仙过海、麻姑献寿等神仙佛像，《屈原》《关羽》《钟馗》《昭君》《貂蝉拜月》《大乔小乔》《陈三五娘》《嫦娥奔月》《天女散花》《红叶题书》等历史与神话故事人物、仕女，现代题材有毛泽东塑像、新疆舞等，还有艺术化日用瓷。其中《我要做个小木工》瓷塑，入选《福建工艺美术选集》(福建人民出版社1959年9月版)。

陈国安70年代初创作的《五子弥勒》瓷塑， 70年代后期创作的浮雕梅花茶具、瓷象罐，先后送省参展获奖。60年代初于厦门工艺美术学院雕塑的高2米毛泽东立像，仪态庄重逼真，后制为脱胎漆雕；60年代初于省轻工厅研究所陶瓷室创作的《贵妃醉酒》瓷塑，被选为国家领导人出访馈赠礼品瓷。

如果说苏勤明、陈其泰、许文君、许兴泰、苏清河、陈国安、林睦殿、林甲乙、周雅各等在传统瓷塑艺术上进行了弘扬与发展，而撑起德化瓷塑艺术新天地的领军人物，则非王则坚莫属。王则坚的瓷雕艺术在吸收优秀传统精华的同时，又有高度上的突破，所作的各式瓷观音、《渔女》《新疆舞》《文君听琴》《蔡文姬》《山鬼》等一批作品，无不深具意境、精美传神，既渊源有自，遵循法度，又不泥古法，另辟蹊径，将德化瓷雕推上另一艺术高峰。

王则坚(1944— )，1944年2月生，出身于首饰业商人家庭。当代著名雕塑艺术家，工艺美术大师。1959年夏初中毕业后，考入厦门工艺美术学院(今福建省工艺美术学院)雕塑系大专班。1963年夏毕业后，分配于省轻工厅研究所陶瓷研究室任技术员，开始从事瓷塑艺术研究与创作设计。1965年省轻工厅研究所陶瓷研究室扩编为瓷器研究所，是年冬，他随省瓷器研究所下迁到德化。1969年底精简机构，省瓷器研究所合并到国营德化瓷厂，王则坚到该厂雕塑组(后改称车间)任技术员。1976年夏调回厦门工艺美术学院任雕塑科科长兼教研组长。

1965年冬，刚20出头的王则坚，随着省瓷器研究所下迁，来到了瓷圣何朝宗艺术大师的故乡——德化。乍到之际，他便虚心向苏勤明、陈其泰等师傅学习，深受其教益，潜心探究德化瓷塑艺术的优秀传统，并将学校所学的雕塑艺术科学知识与德化瓷塑艺术的优秀传统相结合，大胆探索，勇于创新，为其后来的艺术成就扎下坚实的基础。1971年末，国营德化瓷厂“决定重建瓷塑组”，王则坚与老师傅陈其泰，原瓷塑生产作业组组长邱玉云等人，先后走遍福建、广东、江西、浙江、江苏、山东、北京、河北、山西、河南、湖北、湖南等10多个省、市的重点瓷产区参观学习。回厂后，他与原雕塑组的林崇高、张良达、苏桂英、许兴泰、许兴评、林月英、周雅各等人，因陋就简，搭起竹棚篾篷，为尽快恢复瓷塑生产而不懈努力。从这时起，获得大量积累的王则坚步入创作的高峰期。

70年代前期，王则坚在国营德化瓷厂期间的创作，主要为生产服务，从销售需要出发，在考虑商品属性的同时，尽量提高艺术性。当时的主要作品有如《木兰从军》《文君听琴》《凡事回头看》(张果老倒骑毛驴)，送子、麒麟、立岩、大小披坐等各款姿式《观音》，以及《五子弥勒》《达摩》《献哈达》《新疆舞》《渔女》《山鬼》等瓷塑。这个时期的作品，其中有数十件为当时的报刊杂志所报道刊载，有很多作品被选刊于《中国建设》外文版。有好些作品国营德化瓷厂曾专柜收藏陈列。他还在德化首创瓷塑施彩，增加产品品种，提高艺术魅力，提高经济效益。70年代后期，王则坚的艺术创作主要是从艺术效果考虑。这个时期的主要作品有《蔡文姬》《李清照》《琵琶女》《铸剑》《秋瑾》等瓷塑。其《蔡文姬》瓷塑，1978年参加全国工艺美术展览荣获一等奖，其他各件先后获省工艺美术展览优秀作品奖；《大风歌》《天问》瓷塑双获全国工艺美术展览优秀作品奖，并由全国工艺美术馆珍品馆收藏。

艺无止境，精益求精。王则坚为人谦逊坦诚，从艺认真，治学严谨，关怀晚辈，传艺无私。他对瓷塑艺术孜孜以求的精神，熏染其瓷塑同行，传艺给了德化县的年轻一代。如陈德卿、柯宏荣、陈桂玉、温兴民、陈武平、林沐英等人，都是先后在他传授培养下成长起来的。

## 技艺精湛　精品迭出

德化瓷雕历来以塑造人物著称，人物形象传神、衣纹简练、线条流畅，高超的雕塑技艺、独特的纯净瓷质和典雅可爱的形体，在我国瓷雕艺苑中独树一帜。1953年4月，国营德化瓷厂计划恢复瓷雕生产，招聘了苏勤明等身怀绝技的瓷工艺人，在继承和发扬传统瓷雕技艺方面，进行了大胆的探索、尝试和研究，也获得了一定的经验。无论在工艺技术或艺术创作设计方面，雕塑技艺都得到了继承、提高和拓展，创作出了许许多多优秀的瓷雕艺术作品。这些形神兼备的人物瓷雕相继得到开发，并投入了生产，成为国营德化瓷厂最有代表性的产品之一。1955年2月，国营德化瓷厂选送《木兰从军》《丽君脱靴》《牛郎织女》《四美舟》《琵琶女》《提篮女》和《麻姑鹿》等7件瓷雕作品，以及餐具、茶具等日用瓷，参加德国莱比锡国际技术展览会。1960年1月，国营德化瓷厂承制国家领导人出国访问礼品瓷《青春》《和平万岁》《丰收》3件瓷塑，以及人民大会堂用瓷。

总的来说，新中国成立后德化各大瓷厂的传统瓷雕作品，既继承发扬了传统的工艺制作手法，又大胆吸收外来营养，不仅吸收了西方雕刻雕塑的造型处理方法，同时也融入了当代陶艺的手工技艺，这是德化陶瓷雕塑比较突出的特点。它讲究整体，构图新颖，线条简练，作品面部等刻画准确，细致入微，整体气势舒展。如“建白瓷”成功恢复后，为了体现德化瓷土特有的材质，德化各大瓷厂的雕塑大师和艺人们大多围绕着体现独特的材质感而采用各种制作手法，但每一种制作手法的采用，均是为了体现德化瓷土材质的美，在此之上再来注重人物整体造型，强调对人物内心世界的深入刻画，达到静中有动、形神兼备的效果，赋予作品很强的感染力，体现了材质和制作手法的结合统一：以整体形态塑神、势，以写实的细部来塑情，创作出了许多视觉效果强、更符合时代的审美观的艺术作品，把德化独有的材质和创作手法表现得淋漓尽致，达到了作品的材料自然性和理想性的统一、整体与细节刻画的完美结合。尤其是当代人物雕塑，栩栩如生，具有很强的艺术感染力。如领袖题材《孙中山》《毛主席去安源》《北戴河》《毛主席半身塑像》等等，同一题材，不同造型，形神兼备又各具特色。英雄模范人物如《雷锋》《欧阳海》《向秀丽》《麦贤得》等等；又如反映民兵活动的《前沿哨兵》《海螺号》《巡哨》等等；表现知识青年上山下乡的《青春》《读〈毛选〉》《田头会计》等；革命样板戏曲中的《江姐》《白毛女》《李铁梅》等等；民族风情的《摩雅泰》（又称《傣族医生》）《傣族姑娘》《渔女》等等；更有反映现代生活的《和平万岁》《瓷器舞》《瓷城风光》《丰收》《母爱》《上山采药》《赤脚医生》《护厂》《千万不要忘记阶级斗争》等等。反映天真活泼及其幸福生活的儿童作品，如《背考》《爱学习》《爱劳动》《庆丰收》《跳绳》《拔萝卜》《爱和平》《少年先锋队员》《小学生》《喂鸡》《小球迷》《喂鸽》等等，充满了童真童趣，洋溢着勃勃朝气，具有浓厚的时代气息。

在艺术创作中，德化还不断探索雕塑艺术的各种表现手法，甚至在白瓷的基础上，进行适当的彩绘装饰，把质地美同造型美、装饰美紧密结合起来，融为一体，达到和谐统一、相得益彰的艺术效果。德化彩塑造型优美、品种繁多、装饰丰富、风格独特，具有传统与现代结合之特色。如王则坚的作品《渔女》《新疆舞》《蔡文姬》《卓文君听琴》，陈其泰的《李白回番书》《钟馗吓鬼》，还有陈德卿的《摩雅泰》（又称《傣族医生》）等等，都是造诣很高的艺术精品。

此外，1958年研制成功白度88.1%的高白瓷，质如羊脂美玉，白如凝霜冻雪，釉面莹洁晶润，光可鉴人，胎骨坚实细腻，使德化瓷坛增添一颗绚丽璀璨的明珠，被誉为德化瓷坛的“三朵金花”之一。德化瓷塑艺人们根据高白度瓷的特质，精心设计，用其制造现代瓷塑《探亲》上的凉伞，《莺莺看书》上的薄纸，其质感足可乱真，既增强了瓷质的纯美透明的白度感，同时又更加突显出高洁清新的时代特色。1963年研制成功并恢复生产的“建白”瓷，半透明度高，瓷质滋润如玉，静穆稳重，色泽白中微黄，类似象牙，可与明代德化窑瓷塑相媲美，不仅保留了传统特色，而且釉面晶莹剔透，为德化瓷史与中国瓷史写下光辉的一页。国营德化瓷厂巧妙利用、发挥建白瓷的瓷质特有魅力，吸取前人的特长并不断创新，以其如脂似玉的特质，进行精心设计，产品造型主题鲜明，精巧多变，美观大方。尤其是瓷塑艺术，重于表现人物的典型性格，善于掌握故事情节高峰刹那间的感情动态，由表及里，细致刻画，达到了惟妙惟肖、淋漓尽致的艺术效果。试成以来，大量用于生产陶瓷雕塑，其产品格外典雅精美，晶莹珍贵，饶有鉴赏余韵，在市场上与展评会上倍受青睐。如《长征路上》《田头会计》《赤脚医生》等瓷塑作品，采用“建白瓷”创作而成，如脂似玉，形象生动，格调高雅，赋予德化瓷塑新的艺术魅力，赢得“世界瓷艺极品”的盛誉。

这一时期，许多名优产（作）品选送国内外参展。1955年2月，国营德化瓷厂选送7种瓷雕和部分日用瓷样品（提篮美女、琵琶女、四美人、木兰从军、麻姑鹿、牛郎织女、餐具、茶具）参加民主德国莱比锡国际技术展览会。1959年，德化集联瓷厂陈其章设计的釉下青花牡丹花瓶、6吋薄胎螃蟹花瓶、薄胎小金鱼缸、薄胎梅花笔筒、6吋薄胎梅花瓶，被选送北京参加全国工艺美术展。1972年8月，国营德化瓷厂选送样品戴冠观音、麒麟观音、鱼女、玉兰花瓶等51件作品参加全国工艺美术展览会。1974年10月，国营德化瓷厂选送六脚花瓶、牡丹花瓶、花木兰、李时珍、金马烟台、梅花盆等19件作品赴美国展览。1977年6月，国营德化瓷厂选送《蔡文姬》《屈原》等一批工艺品参加全国工艺美术展，均大受欢迎和赞赏。

福建省美术工艺第一届老艺人代表会议徽章 1956年

全国工艺美术艺人代表会议徽章 1957年

全国民间艺术工艺展徽章

# 目录

## 现代题材

## 传统题材

# 现代题材

1　毛主席半身像

作者：陈其泰　收藏者：许回成

尺寸：长20厘米，宽9厘米，高24.5厘米

## 2　毛主席半身像

作者：佚名　收藏者：刘永

尺寸：长10厘米，宽10厘米，高24厘米

## 3　毛主席半身像

作者：佚名　收藏者：俞超群

尺寸：长8厘米，宽5厘米，高12厘米

## 4　毛主席半身像

作者：佚名　收藏者：李金柱

尺寸：长17厘米，宽10厘米，高24厘米

5　毛主席半身像

作者：佚名　收藏者：李金柱

尺寸：长15厘米，宽9厘米，高22.5厘米

## 6　毛主席半身像

作者：佚名　收藏者：李金柱

尺寸：长16厘米，宽10厘米，高23.5厘米

7　毛主席半身像

作者：佚名　收藏者：李金柱

尺寸：长12厘米，宽7厘米，高17厘米

## 8　毛主席半身像

作者：陈其泰　收藏者：陈伯洪

尺寸：高25厘米

## 9　毛主席半身像

作者：陈其泰　收藏者：俞超群

尺寸：长20厘米，宽13厘米，高25厘米

## 10　毛主席半身像

作者：陈其泰　收藏者：俞超群

尺寸：长20厘米，宽13厘米，高25厘米

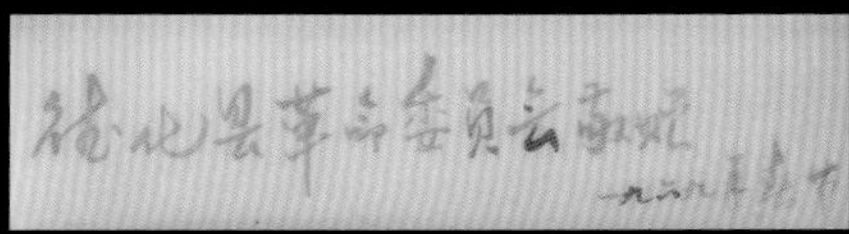

## 11　毛主席半身像

作者：陈其泰　收藏者：俞超群

尺寸：长20厘米，宽13厘米，高25厘米

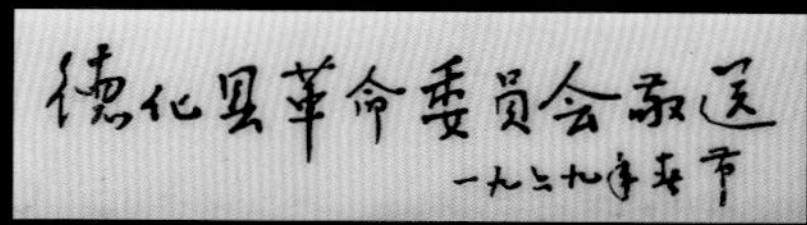

## 12　毛主席半身像

作者：陈其泰　收藏者：俞超群

尺寸：长20厘米，宽13厘米，高25厘米

## 13　毛主席半身像

作者：佚名　收藏者：孙迎新

尺寸：长10.5厘米，宽7.5厘米，高22厘米

## 14　毛主席半身像

作者：施寿龄　收藏者：曾宪恭

尺寸：长10.5厘米，宽5厘米，高16.5厘米

## 15　毛主席全身像

作者：佚名　收藏者：李金柱

尺寸：长27厘米，宽25厘米，高88厘米

## 16　毛主席全身像

作者：陈其泰　收藏者：郭志胜

尺寸：长38厘米，宽26厘米，高90厘米

## 17　毛主席全身像

作者：陈其泰　收藏者：郭福荣

尺寸：长27厘米，宽25厘米，高88厘米

## 18　毛主席全身像

作者：陈其泰　收藏者：郭东强

尺寸：长12厘米，宽8厘米，高29.5厘米

长9厘米，宽7厘米，高28厘米

长8厘米，宽7厘米，高26.5厘米

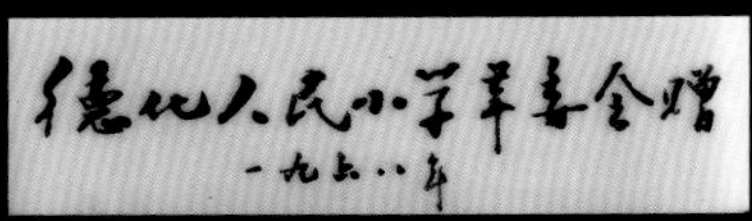

## 19　毛主席全身像

作者：陈其泰　收藏者：郭东强

尺寸：长10厘米，宽6厘米，高24厘米

## 20　毛主席全身像

作者：佚名　收藏者：郭东强

尺寸：长12厘米，宽8厘米，高26厘米

长10厘米，宽7厘米，高24厘米

长8厘米，宽7厘米，高21厘米

敬祝毛主席万寿无疆

## 21　毛主席全身像

作者：佚名　收藏者：赖育繁

尺寸：长7厘米，宽5.5厘米，高26厘米

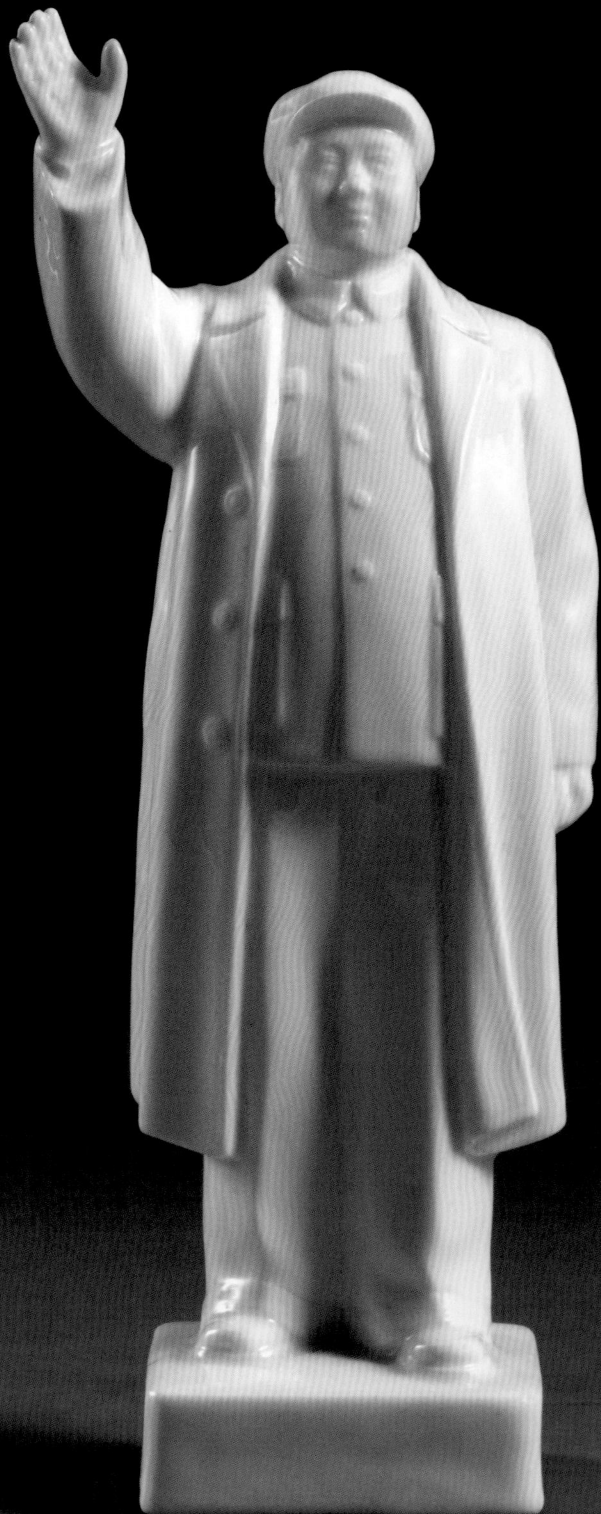

## 22　毛主席全身像

作者：佚名　收藏者：李金柱

尺寸：长18厘米，宽15厘米，高37厘米

# 23　毛主席全身像

作者：佚名　收藏者：俞超群

尺寸：长9厘米，宽8厘米，高27厘米

## 24　毛主席全身像

作者：佚名　收藏者：俞超群

尺寸：长8厘米，宽6.5厘米，高22厘米

## 25　毛主席全身像

作者: 佚名　收藏者: 俞超群

尺寸: 长10厘米，宽10厘米，高26厘米

## 26　毛主席全身像

作者：佚名　收藏者：俞超群

尺寸：长10厘米，宽8厘米，高26.5厘米

长8.5厘米，宽7厘米，高26厘米

## 27　毛主席去安源

作者：陈德卿　收藏者：罗谊明

尺寸：长 12.5 厘米，宽 11 厘米，高 36.6 厘米

28　毛主席全身像

作者：陈其泰　收藏者：余伟彬

尺寸：高33厘米

## 29　毛主席去安源

作者: 佚名　收藏者: 俞超群

尺寸: 长 9.5 厘米, 宽 9 厘米, 高 25.5 厘米

长 10 厘米, 宽 8 厘米, 高 26 厘米

## 30　毛主席去安源

作者：佚名　收藏者：郭全福

尺寸：高33厘米

## 31　毛主席去安源

作者：陈德卿　收藏者：郭东强

尺寸：长8.5厘米，宽7厘米，高24厘米

长10厘米，宽9.5厘米，高26厘米

长8.5厘米，宽7厘米，高24厘米

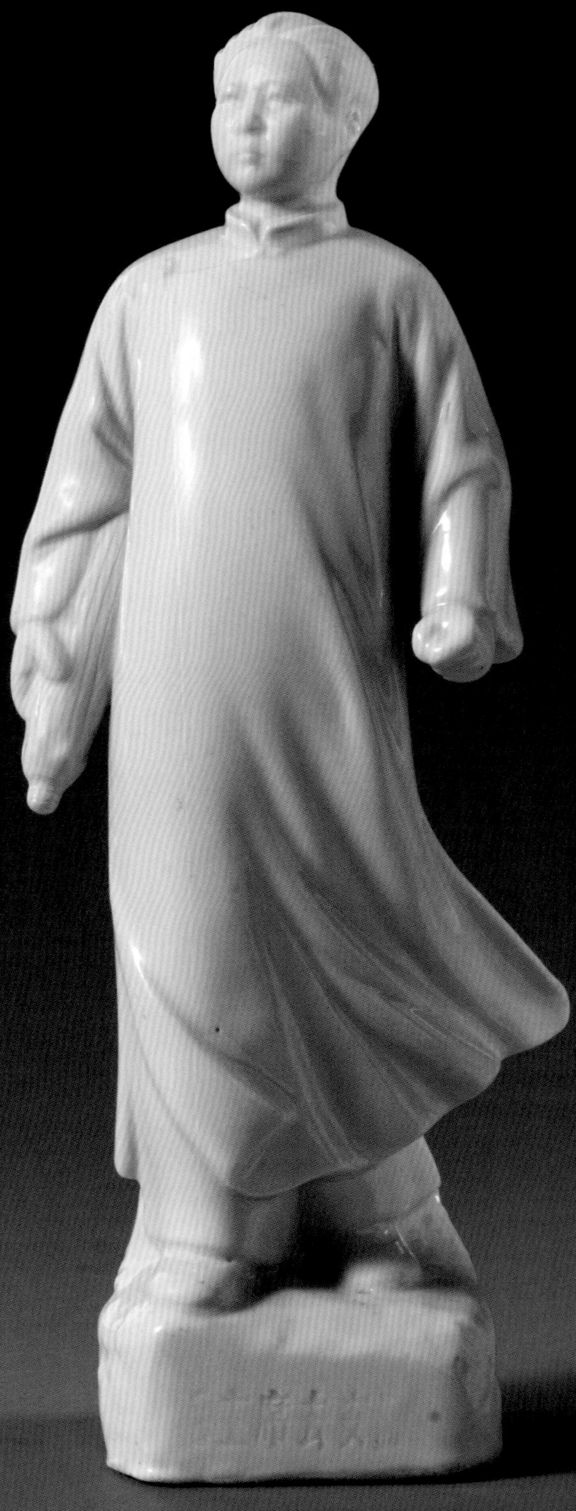

## 32　周恩来半身像

作者：佚名　收藏者：陈金煌

尺寸：长16厘米，宽8.5厘米，高24.3厘米

## 33 列宁

作者：佚名　收藏者：贺小华

尺寸：长13.5厘米，宽8.5厘米，高19厘米

## 34　鲁迅

作者：佚名　收藏者：郭东强

尺寸：长12厘米，宽6厘米，高16厘米

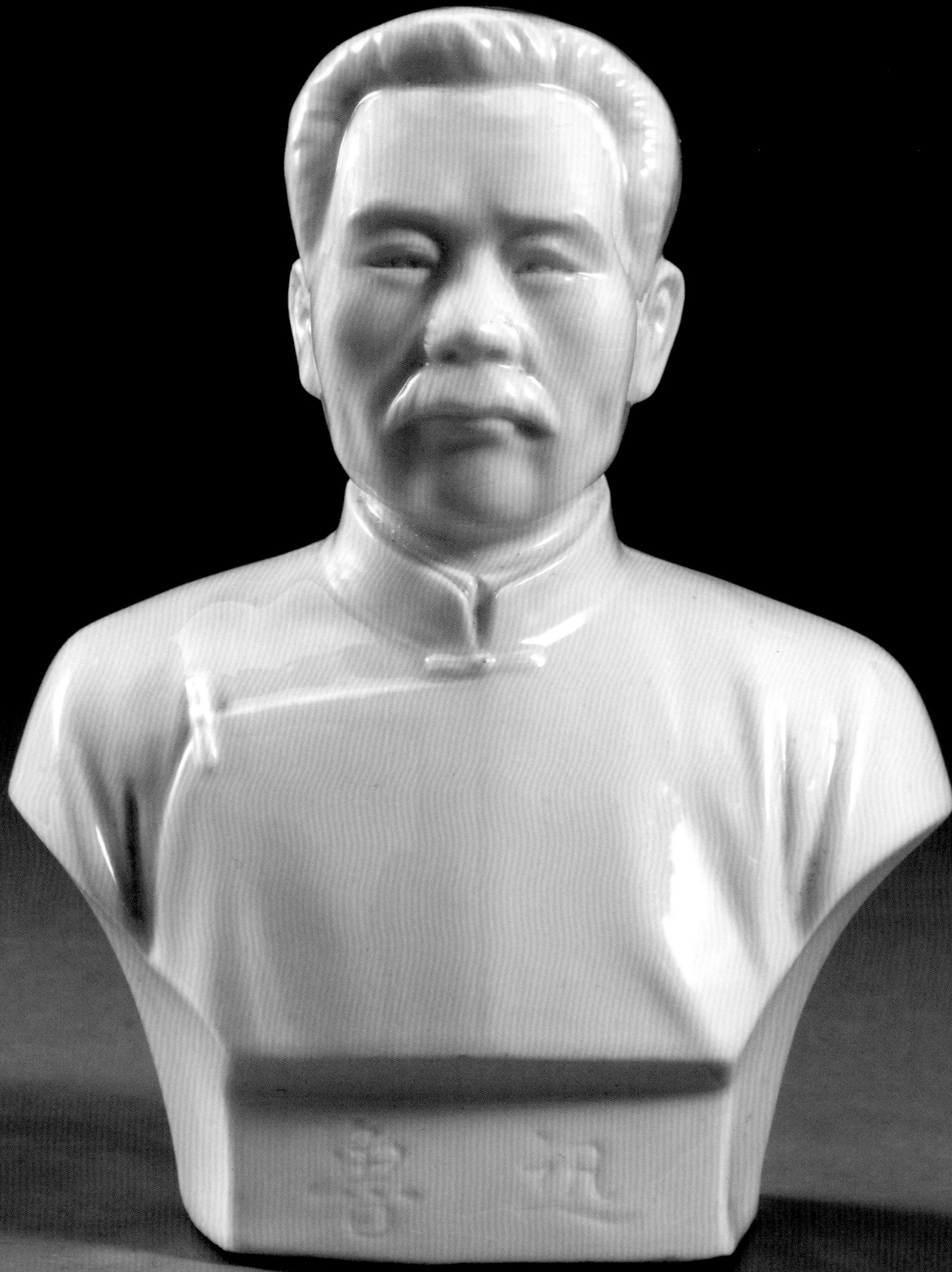

## 35　秋瑾

作者：佚名　收藏者：郑永宁

尺寸：长11厘米，宽15厘米，高17.5厘米

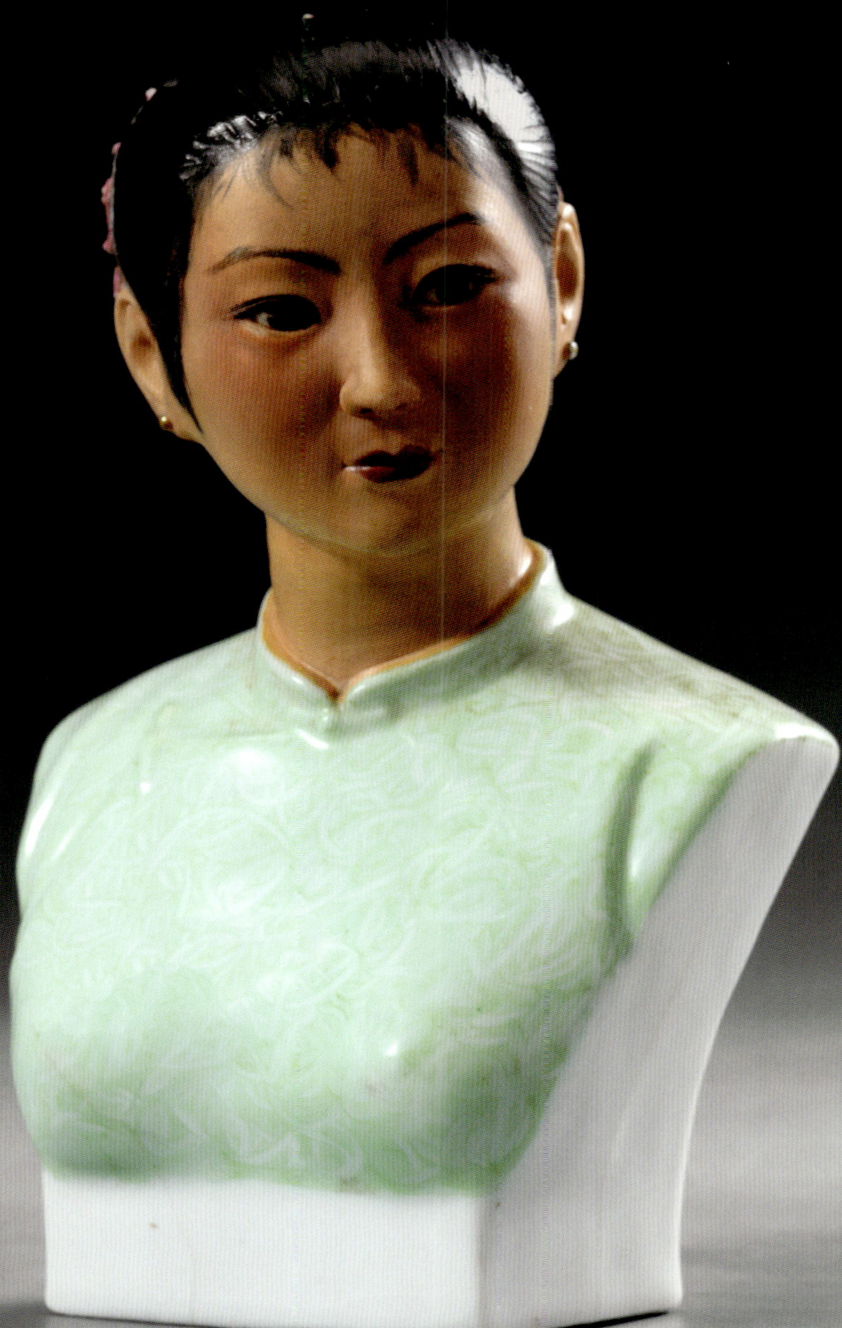

## 36 刘胡兰

作者：苏勤明　收藏者：郭全福

尺寸：长16厘米，宽13厘米，高16厘米

37 杨子荣

作者：苏勤明 收藏者：余昌盛

尺寸：长13厘米，宽16厘米，高33.5厘米

## 38　白毛女

作者：王则坚　收藏者：郑永宁

尺寸：长8厘米，宽7.5厘米，高32.5厘米

## 39　白毛女、大春

作者：佚名　收藏者：冯刚

尺寸：长17厘米，宽13厘米，高35.5厘米

40 江姐

作者：苏勤明 收藏者：沈伟民

尺寸：高26厘米

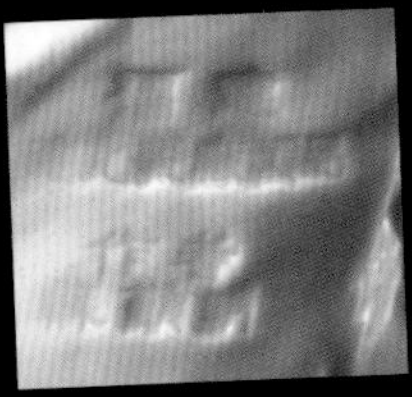

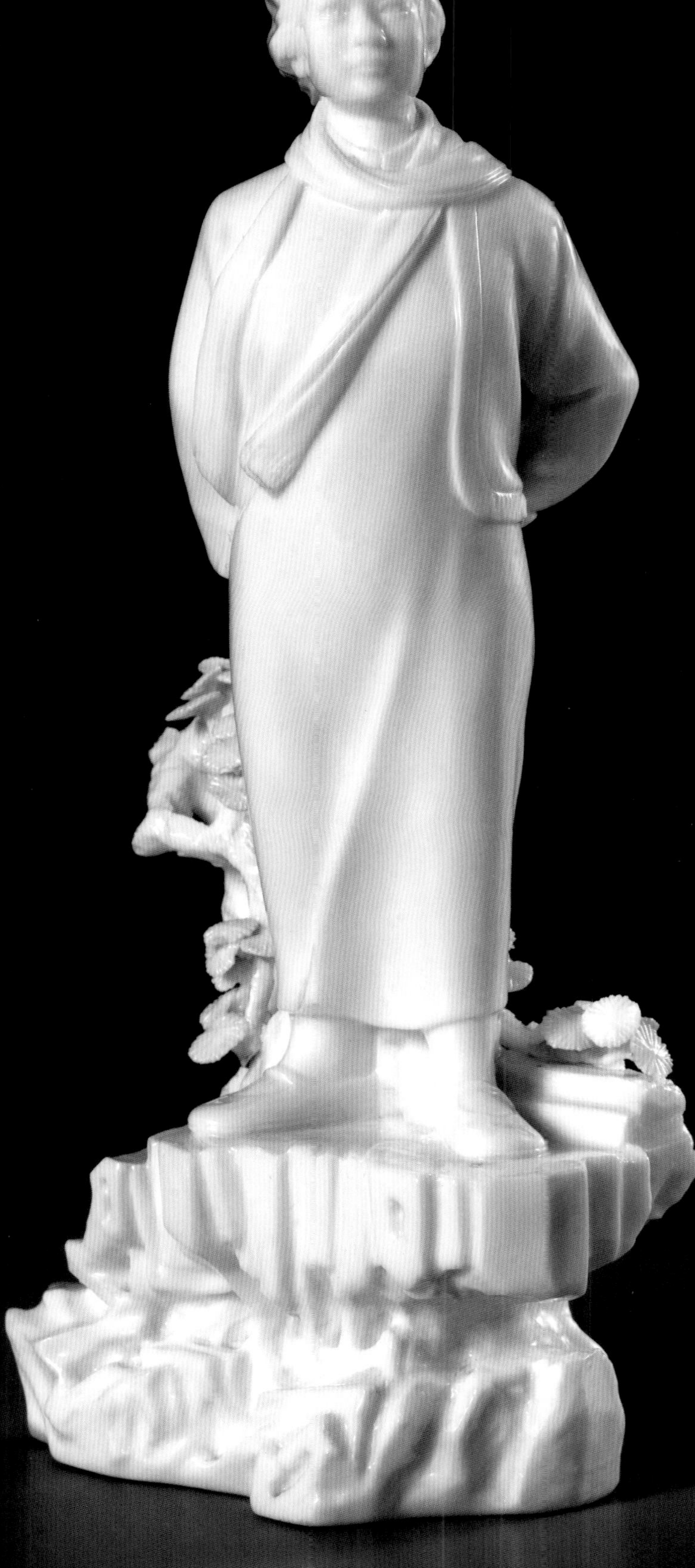

## 41　雷锋

作者：佚名　收藏者：郭东强

尺寸：长18厘米，宽9.5厘米，高22厘米

## 42　焦裕禄

作者：苏勤明　收藏者：陈金煌

尺寸：长9.5厘米，宽11厘米，高35厘米

## 43　王国福

作者：佚名　收藏者：潘伟星

尺寸：高20厘米

## 44　瓷厂工人

作者：陈其泰　收藏者：冯刚

尺寸：高28厘米

## 45　刘英俊

作者：佚名　收藏者：郭东强

尺寸：长5.5厘米，宽6.5厘米，高14厘米

## 46　王杰

作者：佚名　收藏者：陈金煌

尺寸：长16.5厘米，宽10厘米，高25厘米

## 47　向秀丽

作者：陈其泰　收藏者：陈伯洪

尺寸：长22厘米，宽15厘米，高36厘米

## 48　李铁梅

作者：佚名　收藏者：陈金煌

尺寸：长7.6厘米，宽7.6厘米，高29厘米

## 49　李铁梅

作者：佚名　收藏者：李金柱

尺寸：长13厘米，宽9厘米，高36厘米

## 53 继红长征队（女）

作者：苏勤明　收藏者：陈伯洪

尺寸：长18厘米，宽8厘米，高26厘米

## 52　继红长征队（男）

作者：苏勤明　收藏者：陈伯洪

尺寸：长13厘米，宽11厘米，高26.5厘米

## 51　继红长征队

作者：苏勤明　收藏者：郭福荣

尺寸：长14厘米，宽12厘米，高28厘米

## 50　李铁梅

作者：苏清河　收藏者：阎勇

尺寸：高22厘米

54　红色娘子军

作者：苏勤明　收藏者：冯刚

尺寸：高43厘米

## 55　志愿军战士

作者：佚名　收藏者：郭东强

尺寸：长10厘米，宽9厘米，高27厘米

## 56　吹号

作者：陈其泰　收藏者：林军生

尺寸：高18厘米

## 57 海螺女民兵

作者：苏勤明　收藏者：郭福荣

尺寸：长12厘米，宽8厘米，高27厘米

58　海岛女民兵

作者：佚名　收藏者：潘桂龙

尺寸：高26厘米

## 59　护厂

作者：陈其泰　收藏者：余昌盛

尺寸：长10厘米，宽7.5厘米，高32厘米

## 60 护厂

作者：陈其泰　收藏者：陈金煌

尺寸：长9厘米，宽7厘米，高29厘米

## 61 保卫和平

作者：佚名　收藏者：郑金勤
尺寸：高5厘米

## 62 欢天喜地迎解放

作者：佚名　收藏者：郑金勤
尺寸：高8厘米

## 63 和平世界

作者：佚名　收藏者：郑金勤
尺寸：高6厘米

## 64　赤脚医生

作者：苏勤明　收藏者：许回成

尺寸：长10厘米，宽11厘米，高35厘米

## 65 赤脚医生

作者: 陈其泰 收藏者: 赖育繁

尺寸: 长4.5厘米, 宽4厘米, 高16厘米

## 66　赤脚医生

作者：佚名　收藏者：余伟成

尺寸：长 7 厘米，宽 5 厘米，高 22 厘米

## 67　风雨送医

作者：苏勤明　收藏者：李金柱

尺寸：长14厘米，宽14厘米，高39厘米

## 68　采药归来

作者：陈其泰　收藏者：黄永进

尺寸：长8厘米，宽4.7厘米，高18厘米

## 69　摩雅傣

作者：陈德卿　收藏者：许回成

尺寸：长5.5厘米，宽8厘米，高26.5厘米

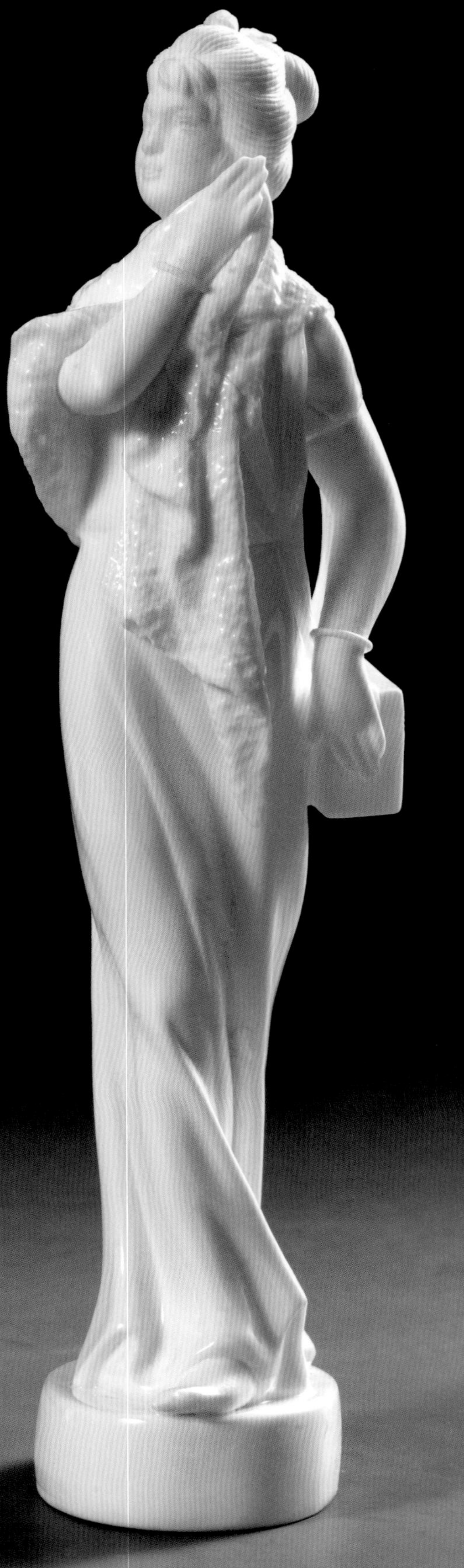

## 70 摩雅傣

作者：陈德卿　收藏者：许回成

尺寸：长5.5厘米，宽8厘米，高26.5厘米

## 71　傣族医生

作者：佚名　收藏者：陈金煌

尺寸：长9厘米，宽9厘米，高29厘米

## 72　公社水稻

作者：陈其泰　收藏者：潘桂龙

尺寸：长16厘米，宽10厘米，高27.5厘米

## 73　田间小憩

作者：苏勤明　收藏者：郭志胜

尺寸：长10厘米，宽7厘米，高28厘米

## 74　田头会计

作者：王则坚　收藏者：冯刚

尺寸：长21厘米，宽9厘米，高23厘米

## 75　知青田间劳动

作者：苏勤明　收藏者：冯刚

尺寸：高26厘米

## 76 知青

作者：佚名　收藏者：陈金煌

尺寸：长13.5厘米，宽7厘米，高22.5厘米

## 77 气象员

作者：苏勤明　收藏者：陈金煌

作者：高28厘米

## 78　采香蕉

作者：佚名　收藏者：余昌盛

尺寸：长5厘米，宽6厘米，高19厘米

79　我要干

作者：苏勤明　收藏者：郑金勤

尺寸：高16厘米

80　爱和平

作者：佚名　收藏者：李正坚

尺寸：高18厘米

## 81 渔女

作者：王则坚　收藏者：许回成

尺寸：长6.5厘米，宽8.5厘米，高31厘米

## 82　渔女

作者：陈其泰　收藏者：陈平坛

尺寸：长8厘米，宽7厘米，高31厘米

## 83　抱羊姑娘

作者：佚名　收藏者：李华景

尺寸：长11.5厘米，宽8.5厘米，高15厘米

## 84　植树

作者：佚名　收藏者：郑永宁

尺寸：高15厘米

## 85　爱学习

作者：佚名　收藏者：冯刚

尺寸：长17厘米，宽8厘米，高16厘米

## 86　牧童

作者：佚名　收藏者：廖婉珠

尺寸：长12厘米，宽5厘米，高13.5厘米

## 87　爱劳动

作者：苏勤明　收藏者：李正坚

尺寸：长4厘米，宽4厘米，高13.5厘米

　　　长4厘米，宽4厘米，高14厘米

## 88　爱劳动

作者: 苏勤明　收藏者: 李正坚

尺寸: 高18厘米

# 89　毛泽东思想宣传队

作者：陈其泰　收藏者：赖育繁

尺寸：长15厘米，宽11.5厘米，高24厘米

## 90　学文化

作者：陈其泰　收藏者：赖泽清

尺寸：长19厘米，宽13厘米，高19厘米

## 91　学文化

作者：佚名　收藏者：郑金勤
尺寸：高6厘米

## 92　红卫兵学毛选

作者：苏勤明　收藏者：沈伟民

尺寸：长8厘米，宽9厘米，高27.5厘米

## 93　学毛选

作者：陈其泰　收藏者：沈伟民

尺寸：高11厘米

## 94　背考

作者：陈其泰　收藏者：郑永宁

尺寸：高15厘米

## 95　雷锋精神传万代台灯座

作者：苏勤明　收藏者：赖育繁

尺寸：29厘米

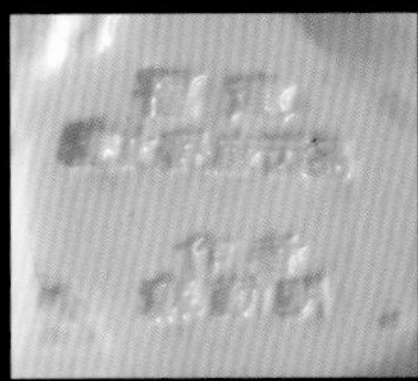

## 96　人定胜天

作者：苏勤明　收藏者：陈金煌

尺寸：长27厘米，宽20厘米，高68厘米

## 97　台湾是中国的

作者：陈其泰　收藏者：黄华强

尺寸：长8厘米，宽9厘米，高24厘米

## 98　火箭游月宫

作者：苏勤明　收藏者：郭志胜

尺寸：长20厘米，宽17厘米，高31厘米

## 99　和平万岁

作者：苏勤明　收藏者：许回成

尺寸：长12厘米，宽12厘米，高41厘米

瓷雕作品《和平万岁》是苏勤明的代表作之一，高41厘米，瓷质致密细腻，胎釉浑然一体，温润如玉，系国营德化瓷厂成功恢复的建白瓷代表之一。作品成功地塑造了一年轻母亲抱着幼童、翘首欢呼、喜迎和平到来的美好形象。幼童坐于肩上，小手挥舞，底座上配以悄然盛开的圣洁的玉兰花，生动地表现了中华民族热爱和平、祈盼和平、反对战争的美好愿望。和平，来之不易，那是由千千万万的先辈们用鲜血和生命铸就而成。瓷雕作品《和平万岁》，正是这一美好愿望的生动诠释，人物造型借鉴了现代解剖学和透视学原理，形体丰腴协调，线条柔和流畅，富有律动感，给人以美好、幸福的艺术享受。1960年，该作品被选为国家领导人出国访问礼品瓷之一。

## 100　和平万岁

作者：苏勤明　收藏者：曾宪恭

尺寸：长12厘米，宽12厘米，高41厘米

## 101　青春

作者：苏勤明　收藏者：许回成

尺寸：长12厘米，宽11厘米，高40厘米

1955年，毛泽东提出："农村是一个广阔的天地，在那里是可以大有作为的。"1957年10月25日，中共中央政治局公布文件《1956年到1967年全国农业发展纲要（修正草案）》，鼓励知识青年上山下乡，到农村去改造，接受再教育。瓷塑作品《青春》就是以知识青年上山下乡为背景，塑造出了知识青年昂扬乐观，在广大农村奉献青春的形象，真实地记录了在那个特定时代知识青年上山下乡的画面。那段特殊经历赋予他们一种特殊的"资格"——骨头坚硬了，思想成熟了，知识面更宽广了。整件作品以纯净的建白瓷为材质，知青目光坚定，略带微笑，洋溢着昂扬向上、挥洒青春的精神，是千千万万知识青年怀揣着热情和梦想，来到基层农村锻炼、劳动，磨炼出吃苦耐劳、自强不息的品质，将文化、医疗等带到了广阔农村的一个缩影。

该作品由现代瓷雕艺术大师苏勤明精心创作，1960年被选为国家领导人出国访问礼品瓷之一。

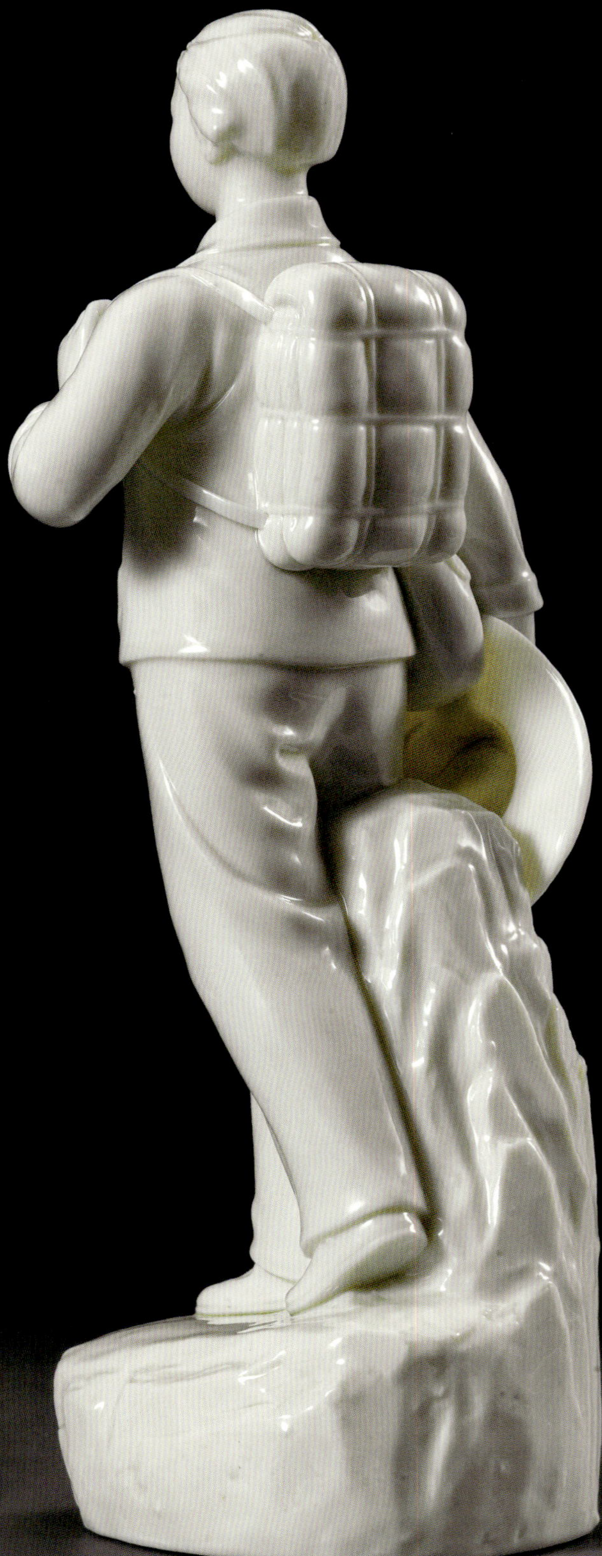

## 102　抱羊姑娘

作者：陈其泰　收藏者：余伟彬

尺寸：高20厘米

103 丰收

作者：苏勤明 收藏者：冯刚

尺寸：高26厘米

中华人民共和国成立以后，随着农村土地改革的完成，广大农民成了土地的主人，并在政治和经济上翻了身。农村生产力得到解放，为农业生产的发展和国家工业化建设开辟了道路。土地改革以后，党和政府还积极引导农民开展劳动互助，大规模兴修水利，发展生产，促进了农业和农村的发展。瓷塑《丰收》就是以这次农村土地改革为背景，时代气息浓郁。两位年轻姑娘劳作休憩之余，坐在高高堆起的稻草垛上，一姑娘包着头巾，左手握着毛主席著作，正聚精会神地翻阅着；另一姑娘扎着辫子，右手搭在同伴肩上，左手的汗巾自然搁在膝盖上，人物传神，栩栩如生。脚下的稻穗饱满有力，不言丰收，却处处彰显丰收，将丰收的喜悦神情刻画得淋漓尽致。

该作品高26厘米，瓷质致密细腻，胎釉浑然一体，温润如玉，系德化瓷厂成功恢复的建白瓷佳作，是现代瓷雕艺术大师苏勤明的代表作之一，1960年被选为国家领导人出国访问礼品瓷之一。

## 104　庆丰收

作者：佚名　收藏者：郭福荣

尺寸：长29厘米，宽15厘米，高16.5厘米

# 105 惠安女

作者：施寿龄　收藏者：郭志胜

尺寸：长14厘米，宽9厘米，高25厘米

106　武术

作者：苏勤明　收藏者：冯刚

尺寸：长15厘米，宽5.5厘米，高16.5厘米

## 107　瓷城风光

作者：苏勤明　收藏者：王韶望

尺寸：高67厘米

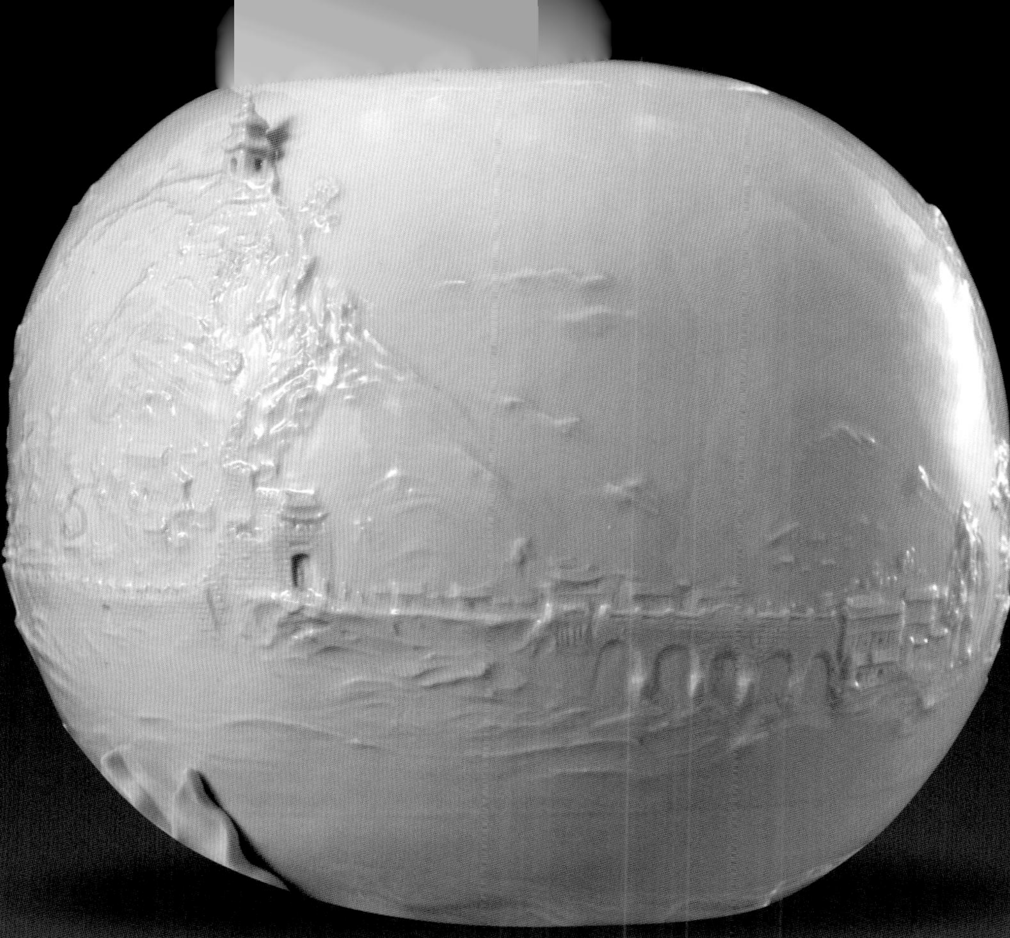

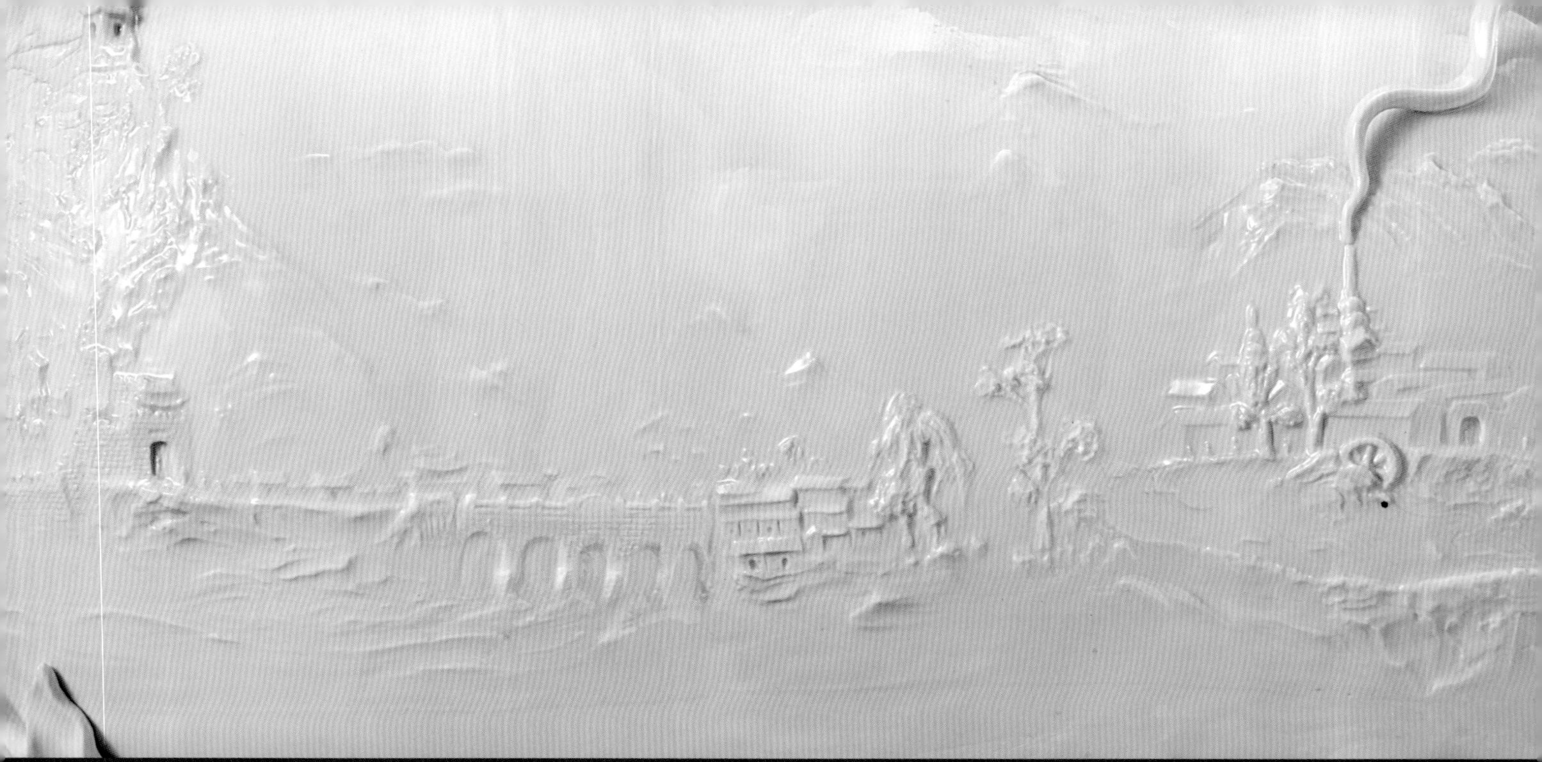

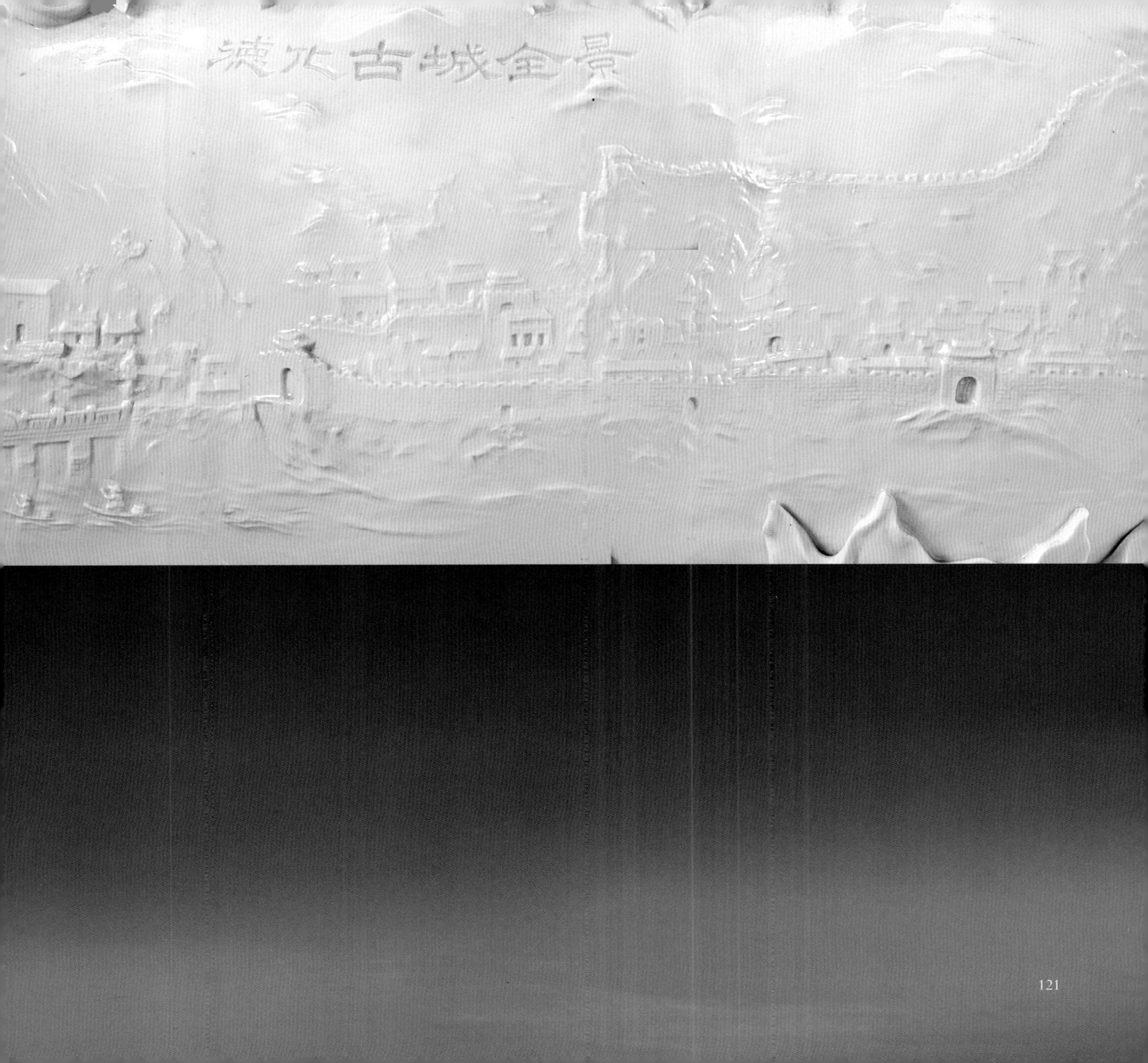
德化古城全景

## 108　爸爸回来了

作者：苏勤明　收藏者：李金柱

尺寸：长12厘米，宽8厘米，高27厘米

## 109　母爱

作者：陈其泰　收藏者：许回成

尺寸：长3厘米，宽10厘米，高23厘米

## 110　母爱

作者：佚名　收藏者：廖婉珠

尺寸：长10.5厘米，宽8.5厘米，高21厘米

## 111　姐弟情

作者：苏勤明　收藏者：郭东强

尺寸：高25厘米

# 传统题材

## 112　荷叶观音、持经观音

作者：苏勤明　收藏者：李梓榕

尺寸：长6厘米，宽5厘米，高21厘米

长6厘米，宽5厘米，高21厘米

## 113 鱼篮观音

作者：苏勤明　收藏者：王清远

尺寸：高76厘米

## 114 鱼篮观音

作者: 苏勤明　收藏者: 李梓榕

尺寸: 长11厘米, 宽8.5厘米, 高37.5厘米

## 115　执经观音

作者：苏勤明　收藏者：李梓榕

尺寸：长11厘米，宽9.5厘米，高43厘米

## 116　戴冠观音

作者：许文安　收藏者：郭志胜

尺寸：长23厘米，宽16厘米，高65厘米

## 117 十八手观音

作者：许兴泰、许兴泽　收藏者：许瑞峰
尺寸：高105厘米

## 118　坐岩观音

作者：许兴泰　收藏者：许瑞峰

尺寸：高36厘米

## 119　坐岩观音

作者: 佚名　收藏者: 赖育繁

尺寸: 长13厘米，宽11厘米，高24厘米

## 120　立像观音

作者：沈锡松　收藏者：许回成

尺寸：长5厘米，宽5厘米，高19厘米

## 121　披座观音

作者：王则坚　收藏者：陈丽华

尺寸：长7.5厘米，宽6厘米，高13厘米

## 122　麒麟观音

作者：王则坚　收藏者：陈丽华

尺寸：长23厘米，宽9厘米，高32厘米

## 123　渡海观音

作者：黄奢　收藏者：庄聪法

尺寸：长15厘米，宽15厘米，高46厘米

## 124　立鳌观音

作者：佚名　收藏者：廖婉珠

尺寸：长8厘米，宽5厘米，高16.5厘米

## 125　五子弥勒佛

作者：王则坚　收藏者：许昌祺

尺寸：高16厘米

## 126　达摩

作者：陈其泰　收藏者：许昌祺
尺寸：高14厘米、高22厘米

## 127 麻姑鹿

作者：苏勤明　收藏者：陈德良
尺寸：长9厘米，宽6.5厘米，高26厘米

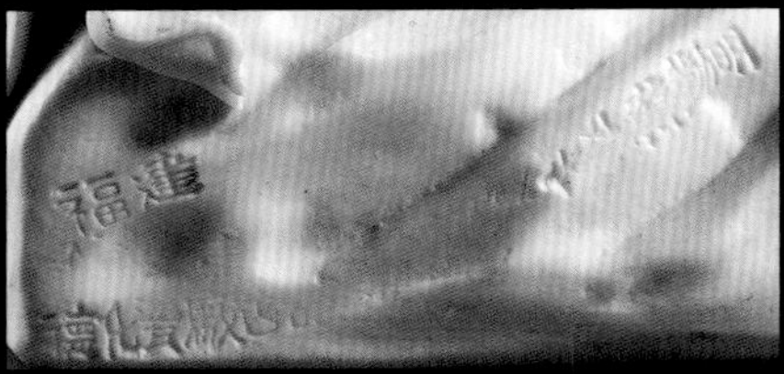

## 128　麻姑献花

作者：佚名　收藏者：李梓榕

尺寸：长6厘米，宽4.5厘米，高16厘米

129　麻姑献寿

作者：佚名　收藏者：李梓榕

尺寸：长10厘米，宽8厘米，高32.5厘米

130　嫦娥

作者：许兴泰　收藏者：余伟彬

尺寸：长16厘米，宽9厘米，高31厘米

## 131　王母舟

作者：苏勤明　收藏者：庄聪法

尺寸：长30厘米，宽15厘米，高29厘米

## 132 八仙舟

作者：苏勤明 收藏者：李梓榕

尺寸：长27厘米，宽13厘米，高29厘米

## 133　山鬼

作者：王则坚　收藏者：许昌祺

尺寸：长22厘米，宽8.5厘米，高13厘米

## 134　钟馗

作者：陈其泰　收藏者：陈丽华

尺寸：长12厘米，宽7厘米，高18厘米

## 135　洛神

作者：佚名　收藏者：许昌祺

尺寸：长10厘米，宽7厘米，高26.5厘米

136　牛郎织女

作者：许文君　收藏者：许瑞峰

尺寸：高36厘米

## 137　贵妃醉酒

作者：苏勤明　收藏者：李华景

尺寸：长10厘米，宽7.5厘米，高29厘米

## 142　黛玉葬花

作者：苏勤明　收藏者：陈建阳

尺寸：高36厘米

## 143 西厢女

作者：苏勤明 收藏者：李梓榕

尺寸：长12.5厘米，宽8.5厘米，高27厘米

## 144　红娘传书

作者：苏勤明　收藏者：曾宪恭

尺寸：长12.5厘米，宽7.5厘米，高24厘米

## 145　孟姜女送寒衣

作者：苏勤明　收藏者：李梓榕

尺寸：长11.5厘米，宽7.5厘米，高25厘米

## 138　贵妃醉酒

作者：陈德卿　收藏者：郭志胜

尺寸：长20厘米，宽17厘米，高31厘米

## 139　贵妃醉酒

作者：林甲乙　收藏者：陈丽华

尺寸：长12厘米，宽7厘米，高26厘米

## 140　红叶题诗

作者：苏勤明　收藏者：李梓榕

尺寸：长10厘米，宽8厘米，高36厘米

长10厘米，宽8厘米，高36厘米

## 141　化蝶

作者：苏勤明　收藏者：李梓榕

尺寸：长11厘米，宽6厘米，高20.5厘米

# 142　黛玉葬花

作者：苏勤明　收藏者：陈建阳

尺寸：高36厘米

## 143 西厢女

作者：苏勤明 收藏者：李梓榕

尺寸：长12.5厘米，宽8.5厘米，高27厘米

## 144　红娘传书

作者：苏勤明　收藏者：曾宪恭

尺寸：长12.5厘米，宽7.5厘米，高24厘米

## 145　孟姜女送寒衣

作者：苏勤明　收藏者：李梓榕

尺寸：长11.5厘米，宽7.5厘米，高25厘米

# 146　天仙配

作者：苏勤明　收藏者：李梓榕

尺寸：长11厘米，宽7.4厘米，高17.5厘米

## 147　貂蝉拜月

作者：陈其泰　收藏者：许昌祺

尺寸：长8.5厘米，宽6厘米，高23.5厘米

## 148　木兰从军

作者：苏勤明　收藏者：庄聪法

尺寸：长23厘米，宽15厘米，高36.5厘米

## 149　木兰从军

作者：苏清河　收藏者：陈伯洪

尺寸：长27厘米，宽14厘米，高34厘米

## 150　花木兰

作者：苏勤明　收藏者：戴佳奋

尺寸：高32厘米

## 151　花木兰

作者：许文安　收藏者：戴佳奋

尺寸：高32厘米

## 152　木兰卸妆

作者：陈其泰　收藏者：郭志胜

尺寸：长13厘米，宽11厘米，高16厘米

## 153　刘海戏金蟾

作者：陈德卿　收藏者：林志军

尺寸：长8厘米，宽5厘米，高24厘米

## 154　刘海戏金蟾

作者：陈德卿　收藏者：许昌祺

尺寸：长8厘米，宽6厘米，高23.5厘米

## 155　屈原

作者：陈其泰　收藏者：黄秀凤

尺寸：长7厘米，宽6.5厘米，高18厘米

## 156　屈原

作者：陈其泰　收藏者：阎勇
尺寸：高16厘米

## 157　三打白骨精

作者：佚名　收藏者：黄华强

尺寸：长18厘米，宽6厘米，高16.5厘米

158　班超投笔从戎

作者：苏勤明　收藏者：李梓榕

尺寸：长12.6厘米，宽6.6厘米，高15厘米

## 159　关公

作者：苏勤明　收藏者：李梓榕

尺寸：长10.5厘米，宽8.5厘米，高32.6厘米

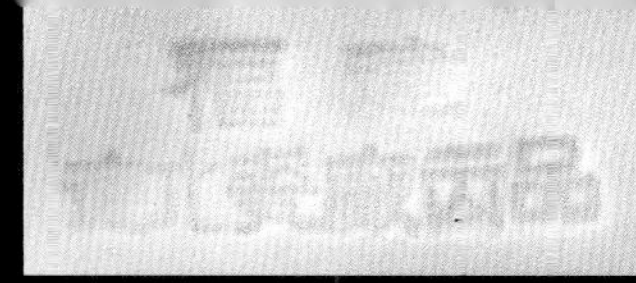

## 161　蔡文姬

作者：王则坚　收藏者：陈丽华

尺寸：长17厘米，宽8厘米，高24厘米

瓷塑作品《蔡文姬》高25厘米，选用德化精细的高白瓷土塑造而成，充分表现了德化白瓷釉如凝脂、洁白细润的特点，而恰到好处的彩饰，又恰到好处地表现了人物的内心世界。当代著名雕塑艺术家、工艺美术大师王则坚紧紧抓住了蔡文姬思念故乡而又不忍骨肉分离的极端矛盾的痛苦心情，创作出瓷塑作品《蔡文姬》，把蔡文姬那对故土的思念、对幼子的不舍、对命运的感慨恰到好处地表现出来。1978年，该作品被选送参加全国工艺美术展览，荣获一等奖。

## 162　文君听琴

作者：王则坚　收藏者：戴佳奋

尺寸：高28厘米

瓷塑作品《文君听琴》，由当代著名雕塑艺术家、工艺美术大师王则坚精心制作，高28.5厘米，选用德化精细的高白瓷土塑造而成。该作品一改以往文君躲在幔帐后面的形象，而是把文君推到面前，整体呈现给观者，更增加了瓷塑作品的美感。文君发髻簪花，左手轻抬，半掩着娇羞、微红的面颊，右手长袖拂地，仔细倾听着那支《凤求凰》的曲子，面部表情沉静，似凝神倾听，又好像略有所思，整个氛围极其沉静，人们却能从她的神态中，体会到她一见钟情、一听倾心的感觉在涌动，看到她那被琴声激起的澎湃心潮。在用色方面，处理科学，整个画面用素色，包括文君的衣着都很淡雅，衣裙部分不施色彩，充分表现了德化白瓷釉如凝脂、洁白细润的特点，而唯独文君所倚之山石却用了大块的暗黑色，以此反衬出文君微红的面颊和此时的心情，把一个流传千年的爱情故事塑造得生动形象，呼之欲出。

## 163 孙思邈

作者：陈其泰 收藏者：许回成

尺寸：长18厘米，宽6厘米，高17厘米

## 164　太白醉酒

作者：苏勤明　收藏者：许昌祺

尺寸：长14厘米，宽8.5厘米，高17厘米

## 165　李白回番书

作者：陈其泰　收藏者：陈丽华

尺寸：高14厘米

## 166　太白醉酒

作者：朱德金　收藏者：陈丽玲

尺寸：长12厘米，宽8.5厘米，高28厘米

167　杜甫

作者：佚名　收藏者：李华景

尺寸：高22厘米

## 168 包拯

作者：佚名　收藏者：许回成

尺寸：长9.8厘米，宽13厘米，高32.5厘米

## 169　还我河山

作者: 周雅各　收藏者: 余伟彬

尺寸: 长10厘米，宽7厘米，高26.5厘米

## 170　关汉卿

作者：苏勤明　收藏者：陈金煌

尺寸：长12厘米，宽11厘米，高30厘米

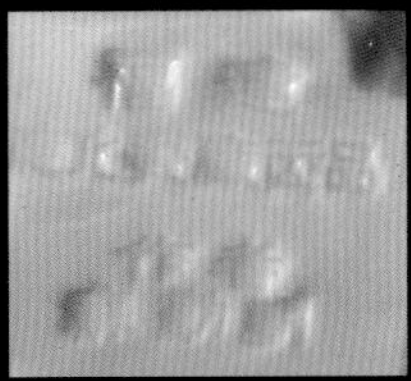

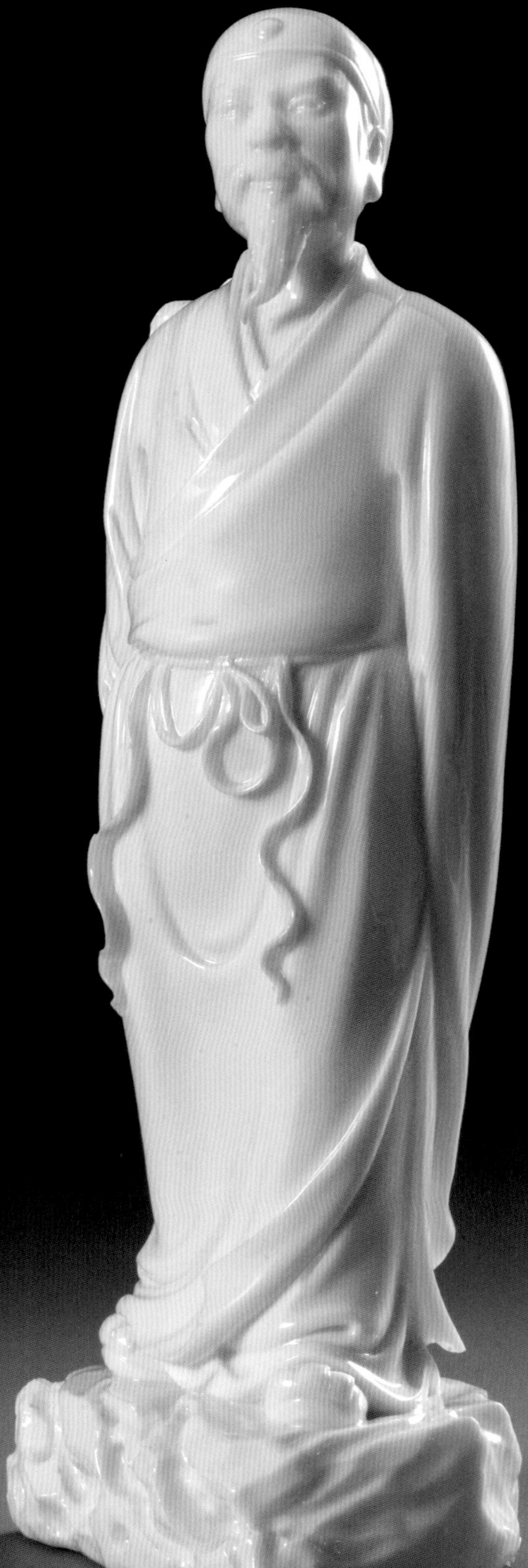

## 171 李时珍

年作者：苏勤明 收藏者：李梓榕

尺寸：长8.5厘米，宽7厘米，高26.5厘米

## 172　林则徐

作者：佚名　收藏者：冯刚

尺寸：长6.8厘米，宽6厘米，高22厘米

## 173　琵琶女

作者: 苏勤明　收藏者: 曾玉荐

尺寸: 长8.7厘米, 宽6厘米, 高28厘米

## 174　灵芝女

作者：苏勤明　收藏者：陈建阳

尺寸：长6厘米，宽4.5厘米，高16厘米

## 175　灵芝女

作者：苏勤明　收藏者：李梓榕

尺寸：长9.5厘米，宽7.5厘米，高31厘米

## 176　灵芝女

作者：苏勤明　收藏者：李梓榕

尺寸：长8厘米，宽6厘米，高26厘米

177　益春留伞

作者：苏勤明　收藏者：许回成

尺寸：高20厘米

## 179　四美舟

作者：苏勤明　收藏者：李梓榕

尺寸：长23厘米，宽8.5厘米，高20.5厘米

## 180　卖油郎、花魁女

作者：苏勤明　收藏者：李梓榕

尺寸：长10厘米，宽10.5厘米，高20厘米

长10厘米，宽6.5厘米，高18厘米

## 181　天女散花

作者：苏勤明　收藏者：李梓榕

尺寸：长8厘米，宽6厘米，高26厘米

## 182　散花女

作者：许文安　收藏者：陈丽华

尺寸：长9厘米，宽7厘米，高28厘米

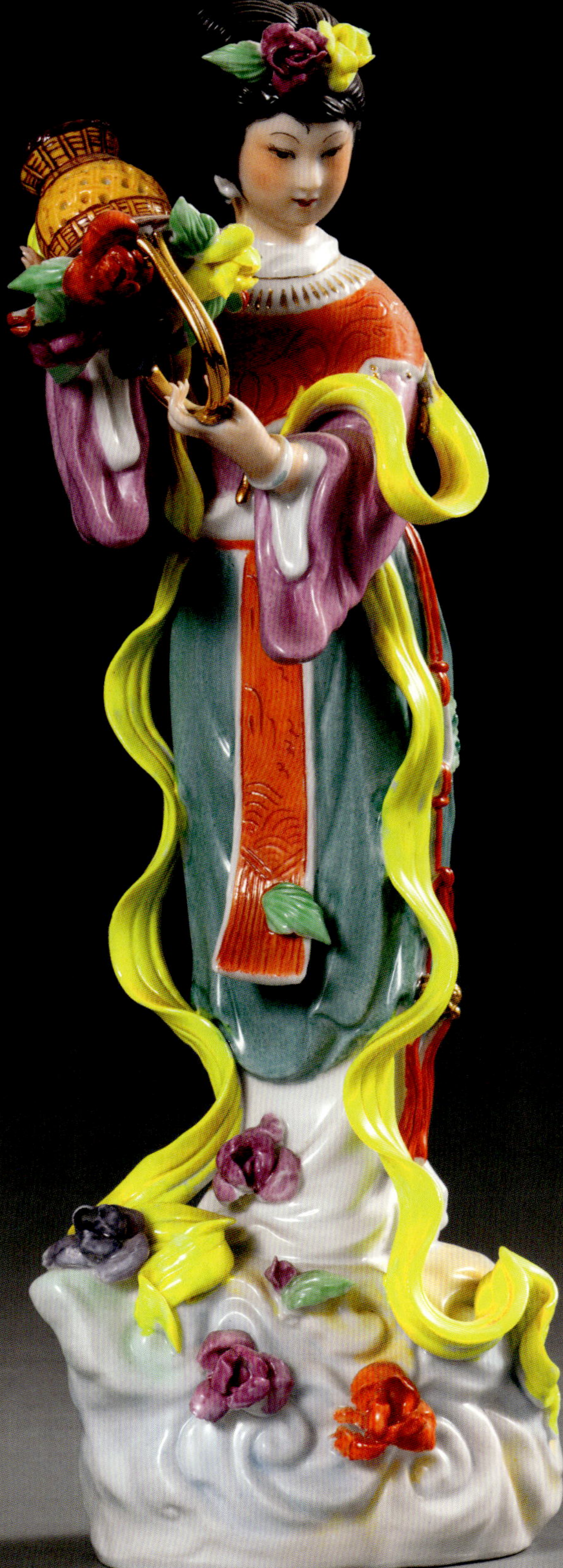

## 184　赏花女

作者：林甲乙　收藏者：陈丽华

尺寸：长10厘米，宽6厘米，高29厘米

## 185　仕女

作者：佚名　收藏者：林辉灿

尺寸：长5.5厘米，宽5厘米，高21厘米

## 186 思春

作者：佚名　收藏者：俞超群

尺寸：长13.5厘米，宽8厘米，高22.5厘米

## 187　梁红玉

作者：佚名　收藏者：李金柱

尺寸：长13厘米，宽9厘米，高32.5厘米

# 后　记

近年来，德化瓷收藏方兴未艾，许多以前未曾见过的德化瓷塑作品不断出现，从外地回流，甚至回归故里，为编辑出版《德化窑瓷塑经典（1949—1978）》一书提供了可能。因此，我们萌生了将珍藏在各地的德化瓷塑作品采集编辑成书、补齐德化陶瓷发展脉络、进一步弘扬德化陶瓷文化的想法，在北京、内蒙古、上海、广东、安徽、浙江、湖北、江西及福建福州、莆田、泉州、惠安、永春、德化等地藏家的大力支持下，《德化窑瓷塑经典（1949—1978）》得以编辑付梓。

《德化窑瓷塑经典（1949—1978）》遴选收录了创作于20世纪五六七十年代的瓷塑作品近两百件，在编选过程中，基于方便研究鉴赏的考虑，根据雕塑题材，分为现代题材和传统题材，并标出瓷塑创作时间、作者、收藏者及尺寸信息，为德化瓷的收藏、研究、鉴赏提供了较为全面的参考资料。在编完此书、回望德化陶瓷发展历史之时，我们才猛然意识到德化窑竟然已经不知不觉地走过了千年，而且从未断烧。从夏商的原始青瓷到唐代的青瓷、宋元时期的青白瓷，再到明代的"象牙白"，一直到清代的青花、五彩瓷，民国的新彩瓷，几乎每一个时期，瓷都德化都推出了特色鲜明的新瓷器，而这些都是德化人不断传承与创新的见证。即便是在快速消费品日新月异的今天，德化也依然秉持着代代流传下来的宝贵精神——传承、创新。正是这种坚持使如今的德化在瓷塑艺术发展和瓷种开发上都走在了全国陶瓷行业前列。作为德化最引以为傲的工艺，瓷塑艺术的传承与创新无疑是至关重要的。这种传承不仅仅是单纯的继承瓷塑工艺，更重要的是它与时代气息紧密相连，融入了社会，融入了生活，与现代文化相结合，使德化瓷从既定的传统模式中走了出来，形成了适应现代社会需要的瓷塑文化，具有更为强大的生命力。

在采集实物资料以及编辑过程中，收藏家冯刚、沈伟民、刘永、俞超群、阎勇、孙迎新、贺小华、黄华强、郑金勤、李梓榕、陈伯洪、李金柱、郭东强、郭福荣、庄聪法、潘桂龙、戴佳奋、陈平坛、王清远、潘伟星、余伟成、林志军、林军生、黄秀凤、陈金煌、许回成、王韶望、罗谊明、余昌盛、郑永宁、曾宪恭、许昌祺、陈德良、陈丽华、陈丽玲、郭志胜、赖育繁、赖泽清、黄永进、林辉灿、吴岳钿、李正坚、李华景、廖婉珠、曾玉荐、陈建阳、余伟彬等给予了大力支持，提供了大量具有重要意义的实物资料。此外，苏玉峰、许瑞峰、郑金勤、陈金煌、庄晓阳、王韶望、余昌盛、李梓榕、邓爱民等还对《德化窑瓷塑经典（1949—1978）》一书中的实物资料鉴别等提出了许多宝贵的意见，在此一并表示衷心的感谢。

2021年3月

**图书在版编目(CIP)数据**

德化窑瓷塑经典:1949—1978/张阿芬,许瑜亮主编. —长沙:岳麓书社,2021.7

ISBN 978-7-5538-1503-9

Ⅰ.①德… Ⅱ.①张…②许… Ⅲ.①陶瓷艺术—鉴赏—德化县 Ⅳ.①B254

中国版本图书馆 CIP 数据核字(2021)第 109757 号

DEHUA YAO CISU JINGDIAN(1949—1978)

**德化窑瓷塑经典(1949—1978)**

主　　编:张阿芬
执行主编:许瑜亮
责任编辑:王文西
特邀编辑:邱建明
责任校对:舒　舍
封面设计:贺红梅

岳麓书社出版发行
地址:湖南省长沙市爱民路 47 号
直销电话:0731-88804152　0731-88885616
邮编:410006

版次:2021 年 7 月第 1 版
印次:2021 年 7 月第 1 次印刷
开本:889mm×1194mm　1/16
印张:15.5
字数:250 千字
书号:ISBN 978-7-5538-1503-9
定价:570.00 元

承印:雅昌文化(集团)有限公司

如有印装质量问题,请与本社印务部联系
电话:0731-88884129